Johanna Stöckl und Rosemarie Pexa

ErlebnisUrlaub mit Kindern

Gardasee

39 Wanderungen und Ausflüge

ROTHER
BERGVERLAG

Vorwort

»Baden, auf einen Berg klettern, eine Burg anschauen, in den Zoo gehen« – solche Antworten bekommt man, wenn man Kinder fragt, was sie in den Ferien machen wollen. Die Eltern haben wahrscheinlich andere Prioritäten, etwa Wanderungen durch eine malerische Landschaft, ein Abendessen in einem gemütlichen Restaurant oder eine nicht zu lange »kinderfreundliche« Anreise. Zur Erfüllung all dieser Wünsche eignet sich kaum ein Urlaubsziel besser als der Gardasee, der von Deutschland, Österreich und der Schweiz aus rasch zu erreichen ist. Wer mit der Bahn anreist, gelangt mit Linienbussen oder Fähren zu mehr Sehenswürdigkeiten und Ausgangspunkten von Wanderungen als in anderen Urlaubsregionen.

Ob Erholung oder sportliche Aktivitäten im Vordergrund stehen – rund um den Gardasee kommt jeder auf seine Kosten. Die flachen Strände im Süden eignen sich zum Planschen. Größere Kinder können im Norden mit dem Schnorchel den See erkunden. Wer sich auf statt im Wasser bewegen möchte, hat die Wahl zwischen Surfen, Stand-up-Paddling und Bootfahren.

Beim Wandern, zum Teil auch mit dem Fahrrad, lassen sich die unterschiedlichen Landschaften rund um den See entdecken. Im Süden geht es durch Olivenhaine und an die Mittelmeerküste erinnernde Gegenden, im nördlichen Teil durch die Berge. Dank einer großen Auswahl an Touren unterschiedlicher Länge und Schwierigkeit ist für Kinder jeden Alters etwas dabei. Das beginnt bei kurzen Spaziergängen, etwa zum Wasserfall Cascata Varone oder der Felsbrücke Ponte di Veja. Auf den höchsten Berg am Gardasee, den Monte Baldo, führt eine Seilbahn, von deren Bergstation aus auch jüngere Nachwuchs-Wanderer in fast 1800 Meter Höhe eine Runde drehen können. Trittsicherheit ist gefragt, wenn man sich an einen der Klettersteige wagen möchte. Ein Klettererlebnis der anderen Art bieten mehrere Hochseilgärten. Bekannt ist der Gardasee auch für seine große Anzahl an Attraktionen, darunter die Vergnügungsparks Gardaland und Movieland sowie mehrere Aquaparks. Romantische Altstädte laden mit Restaurants und unzähligen Eissalons zum Bummeln ein.

Kein Wunder, wenn bei dieser Fülle an Sehens- und Erlebenswertem die Zeit viel zu schnell vergeht! Einen schönen Urlaub – oder, besser noch, mehrere wunderschöne Urlaube – am Gardasee wünschen Ihnen

Johanna Stöckl und Rosemarie Pexa

Inhalt

Allgemeine Hinweise

Anforderungen

Um die Auswahl der Wanderungen und sonstigen Aktivitäten zu erleichtern, sind die einzelnen Touren je nach Anforderungen farblich gekennzeichnet:

▸ **Leicht**

Auch mit kleinen und nicht wandererfahrenen Kindern begehbare einfache Wanderungen und Spaziergänge in sicherem Gelände ohne nennenswerte Steigungen und mit Gehzeiten nicht über zwei Stunden.

▸ **Mittel**

Diese Wanderungen erfordern in jeder Hinsicht schon etwas mehr Übung und Kondition: Die Wege können steinig und schmal sein, Trittsicherheit und etwas Bergerfahrung sind erforderlich. Aber auch »leichte« Touren, die aufgrund der Länge anstrengender sind, wurden als mittel eingestuft.

▸ **Schwierig**

Längere, anstrengendere und anspruchsvollere Touren, die auch größere Höhenunterschiede aufweisen und leichte Kraxeleien beinhalten können. Hier sind Trittsicherheit und entsprechende Bergerfahrung unbedingt nötig. Letzteres gilt ganz besonders für die im Buch enthaltenen Klettersteige.

▸ **Sonstige Aktivitäten**

Ausflüge zu Freizeit- oder Aquaparks, in Hochseilgärten oder Zoos, Museumsbesuche und andere Freizeitaktivitäten. Diese stellen üblicherweise keinerlei besondere Anforderungen.

Weitere Hilfestellung bei der Auswahl der richtigen Aktivität bieten die Tabelle auf der vorderen Umschlagklappe sowie die »Kurzinfo« bei den jeweiligen Programmpunkten. Dort wird unter »Anforderungen« im Detail auf Besonderheiten, wie etwa schwierige Passagen, eingegangen. Alterseinstufung sowie angegebene Gehzeit und Weglänge sollen eine weitere Orientierungshilfe geben. Alle diese Angaben sind nur als grobe Richtlinie zu verstehen, das persönliche Empfinden von »anstrengend« und »schwierig« ist gerade bei Kindern sehr unterschiedlich und auch von Tagesverfassung, Lust und Laune abhängig.

Zeitangaben

Die bei den Wanderungen angeführten Gehzeiten verstehen sich als Anhaltspunkt und beinhalten nur die reine Gehzeit ohne Spiel-, Rast-, Essens- oder Fotopausen. Bei den

Felsplatten am Abstieg vom Monte Colodri bei Arco (Tour 6).

Herrliche Tiefblicke auf den See vom Gipfel des Monte Baldo (Tour 29).

sonstigen Aktivitäten bietet die dort angegebene Besuchsdauer eine grobe Orientierung, ob man für den Ausflug nur ein paar Stunden oder einen ganzen Tag einplanen sollte. Als Faustregel gilt im Urlaub – und ganz besonders im Urlaub mit Kindern: Versuchen Sie nicht, so viel wie möglich in einen einwöchigen Aufenthalt hineinzupacken. Es ist besser, wenn noch so viel Zeit übrig bleibt, dass man den Tag am Strand oder bei einem Eis ausklingen lassen kann, als wenn man von Aktivität zu Aktivität hetzt und nach der Rückkehr so viel Stress hinter sich hat, dass man noch eine weitere Woche Urlaub zur Erholung bräuchte.

GPS-Tracks und Koordinaten der Ausgangspunkte

Auf **gps.rother.de** stehen zu diesem Wanderbuch GPS-Tracks und die Koordinaten der Ausgangspunkte zum kostenlosen Download bereit. Dieser QR-Code führt direkt zum Download.
3. Auflage, Passwort: 319003jrg
Die GPS-Tracks können in die **Rother App** importiert werden. In der App kann man unterwegs stets sehen, wo man gerade ist und wo es langgeht. **Anleitungen dazu: rother.de/gps**. Trotz sorgfältiger Prüfung können wir Fehler und zwischenzeitliche Veränderungen nicht ausschließen. Verlassen Sie sich für die Orientierung niemals einzig und allein auf die GPS-Daten, sondern beurteilen Sie die Verhältnisse vor Ort.

Anfahrt

Im Regelfall beziehen sich die Anfahrtsbeschreibungen auf die Anreise mit dem Auto. Dabei wird der Weg immer zunächst großräumig beschrieben und dann im Detail auf die Zufahrt zu einer geeigneten Parkmöglichkeit eingegangen. Besitzer eines Navigationsgerätes finden im Buch zu allen Ausgangspunkten Adressangaben – bei Punkten außerhalb von Ortschaften führt nur die Eingabe der direkten Koordinaten zum Ziel. Die Koordinaten aller Ausgangspunkte stehen auf der Internetseite des Rother Bergverlag auch zum kostenlosen Download bereit (siehe S. 7). Wenn das Navigationsgerät normalerweise ein anderes Format (z. B. Grad, Minuten und Sekunden) verwendet, muss man dieses am Gerät umstellen (Angaben dazu finden sich in der Bedienungsanleitung des Navis), bevor man die Angaben aus dem Buch nützen kann, oder eines der im Internet verfügbaren Umrechnungstools (z. B. www.geoplaner.de) verwenden. Bei den meisten Geräten muss man »N« für Norden und »E« für Osten nicht mit eingeben.

Einkehr

Bei fast allen Wanderungen und Ausflügen gibt es entweder direkt am Weg oder in der Nähe – sodass man auf der Hin- oder Rückfahrt dort einen Stopp einlegen kann – eine Einkehrmöglichkeit in Form eines Gasthauses oder eines Bistros, manchmal auch ein Café, einen Eissalon oder eine Konditorei. Wenn es an einem Ort ein breites Angebot verschiedener Einkehrmöglichkeiten gibt, wird nicht im Detail auf die Lokale eingegangen. Auch Öffnungszeiten und Telefonnummern sind nur dort angegeben, wo es sich um die einzige Einkehrmöglichkeit weit und breit handelt.

Die Berghütte Rifugio San Pietro ist besonders kinderfreundlich (Tour 4).

Unterkunft

Rund um den Gardasee gibt es eine große Vielfalt an Übernachtungsmöglichkeiten aller Kategorien – von Privatzimmern bis zu Vier-Sterne-Hotels. Eine tolle Alternative, die für Kinder spannend und abwechslungsreich ist und auch für die Erwachsenen viele Vorteile bietet, ist das Übernachten auf Campingplätzen – sei es mit dem eigenen Pkw und Zelt, mit einem Campingbus oder mit dem gemieteten Wohnmobil. Auf vielen Campingplätzen gibt es auch kleine Bungalows oder fix aufgestellte Wohnmobile, die man mieten kann. Aufgrund der geringen Entfernungen und Fahrzeiten sind sämtliche Unternehmungen in diesem Buch als Tagesausflüge machbar, egal wo man sein Quartier aufgeschlagen hat. Deshalb verzichten wir in der »Kurzinfo« zu den einzelnen Aktivitäten auf Unterkunftsvorschläge.

Der Gipfel der Rocca di Manerba ist der schönste Aussichtspunkt im Südwesten (Tour 22).

Ausrüstung

Im Einleitungstext zu den einzelnen Wanderungen und Unternehmungen wird im Detail auf die ideale Ausrüstung und eventuelle Besonderheiten (Fernglas zur Vogelbeobachtung oder Taschenlampe zum Erforschen von Höhlen) eingegangen. Diese kann von Badesandalen und Handtuch für den Besuch eines Aquaparks über kleinen Rucksack und Sportschuhe für einen Stadtrundgang bis hin zu festen Bergschuhen und kompletter Wanderausrüstung für eine zünftige Bergtour reichen.

Während man bei der übrigen Ausrüstung für Bergwanderungen sehr variabel ist – manche bevorzugen moderne Funktionsbekleidung aus schnell trocknenden, Schweiß ableitenden Kunstfasern, während andere auf leichte Baumwoll-T-Shirts schwören – sollte man bei den Schuhen keine Kompromisse eingehen. Wichtig ist, vor dem Urlaub die Schuhe bei kurzen Wanderungen auszuprobieren – sie sollten gut passen, sodass die Füße darin nicht herumrutschen, aber auf jeden Fall genug Freiraum bei den Zehen bieten. Druckstellen und Blasen verderben Kindern und Erwachsenen gleichermaßen die Freude am Wandern. Die Frage langer oder kurzer Hosen ist auch so eine Geschmackssache. Wir empfehlen Shorts und halblange Hosen nur für Spaziergänge auf breiten Wegen; sobald es ins Gelände geht, sind, auch wegen der Gefahr durch Stürze auf scharfkantigem Gestein, lange Hosen eindeutig die bessere Wahl.

Im Einleitungstext zu den jeweiligen Aktivitäten wird auf das richtige Schuhwerk hingewiesen. Jene Din-

Auch im Norden, wie hier bei Limone, finden sich schöne Strände.

ge, die immer und bei jeder Wanderung dabei sein sollten, werden nicht eigens erwähnt: Egal, wie das Wetter zum Zeitpunkt des Aufbruchs aussehen mag, ein leichter Regenschutz und zumindest eine dünne, winddichte Jacke gehören immer ins Gepäck, denn Gewitter können sich rasch zusammenbrauen und die Temperatur kann dann empfindlich fallen. Ein kleiner (Not-) proviant (selbst bei einem nur halbstündigen Spaziergang kann jemand einen akuten Hungeranfall bekommen) und eine Flasche mit Trinkwasser müssen auch immer dabei sein. Bei Touren ohne Einkehrmöglichkeit muss der Wasservorrat entsprechend größer ausfallen, denn Quellen entlang des Weges sind eher selten, und nicht immer kann das Wasser bedenkenlos getrunken werden (»acqua non potabile« = kein Trinkwasser).

Ganz wichtig ist ein guter Sonnenschutz, bei den meisten Wanderungen gibt es nur wenig Schatten, und die UV-Strahlung ist spürbar stärker

Blick zum Monte Baldo vom Gipfel der Cima Comer (Tour 18).

als nördlich der Alpen. Sonnencreme mit Schutzfaktor von mindestens 30, von Juni bis August besser 50, sollte schon vor dem Aufbruch aufgetragen und in regelmäßigen Abständen nachgecremt werden, vor allem nach einem Aufenthalt im Wasser. Eine Sonnenbrille mit gutem UV-Filter und am besten ein leichter Sonnenhut oder eine Schirmkappe gehören zur Grundausstattung und sollten bei keiner Tour fehlen. Und: Wer trotz aller Vorsichtsmaßnahmen bereits einen Sonnenbrand hat, gehört für die nächsten Tage in den Schatten und sollte vor allem die Mittagszeit meiden. Der englische Spruch »from eleven to three stay under a tree« ist eine gute Merkhilfe und sollte so weit wie möglich berücksichtigt werden. Im Hochsommer sind die Tage ohnehin lange genug, sodass sich viele Aktivitäten auch noch am Nachmittag, wenn es bereits etwas kühler ist, zeitlich problemlos ausgehen.

Normalerweise wird der Großteil des Gepäcks von den Erwachsenen getragen; größere Kinder können (und wollen oft!) selbst einen Rucksack tragen – zumindest zu Beginn der Wanderung. Ideal ist es, wenn der Ranzen der Kinder klein genug ist, dass er sich zusätzlich noch obenauf in den Rucksack der Eltern stopfen lässt, wenn es irgendwann mal keinen Spaß mehr macht, ihn zu tragen, oder er zu schwer geworden ist. Als Faustregel gilt, dass der Rucksack nie schwerer sein sollte als ein Zehntel des Körpergewichtes und beim Gehen nicht hinderlich sein darf.

Wer mit ganz kleinen Kindern unterwegs ist, die noch nicht – oder nicht die ganze Strecke – selbst laufen können, für den sind Rückentragen eine mögliche Alternative: Ein Elternteil trägt das Gepäck, der andere nimmt das Kleinkind in der Trage. Allerdings sollte man sich dazu nur dann entschließen, wenn man bereits zuhause Touren mit Rückentrage unternommen hat und das Kind daran gewöhnt ist. Schwierige Touren, bei denen man auf schmalen Wegen unterwegs ist und ausrutschen könnte, sind wegen des stark erhöhten Schwerpunktes mit Rückentrage jedenfalls tabu.

Klettersteige sind ein ganz besonders spannendes Erlebnis (Tour 8).

Eine Besonderheit in diesem Führer ist die Aufnahme mehrerer auch für Kinder geeigneter Klettersteige. Sie sind für Kinder eine ganz aufregende Sache, erfordern aber spezielle Ausrüstung. Wer diese nicht besitzt, kann sie vor Ort entweder erwerben (in der Stadt Arco gibt es eine Reihe von Fachgeschäften) oder zum Teil auch leihen. Dabei ist eine professi-

Hollywood-Feeling im Movieland-Park bei Lazise (Tour 35).

onelle Beratung unbedingt notwendig, weil Helme, Gurte und Klettersteigset nur schützen, wenn sie zur Größe und zum Gewicht des Trägers passen.

Mit Kindern unterwegs

Es gibt viele Aktivitäten, die für Erwachsene und Kinder gleichermaßen interessant, spannend und unterhaltsam sind. Kinder empfinden etwa Wanderungen an und für sich nicht automatisch als langweilig – es kommt nur darauf an, was es an interessanten Dingen unterwegs zu sehen gibt. Oft ist es auch entscheidend, wie man Kindern eine Tour schmackhaft macht. Eine Burgruine wird zum Beispiel gleich wesentlich interessanter, wenn man sich vorstellt, wie die Menschen hier früher gelebt haben. Während Erwachsene auch eine Stunde auf einer eintönigen Forststraße in Kauf nehmen, wenn es dafür am Ende einen herrlichen Aussichtspunkt gibt, ist die Toleranz der meisten Kinder hier deutlich geringer und sie wollen ständig etwas sehen, erleben und beschäftigt sein. Die Wanderungen und Ausflüge in diesem Buch nehmen darauf Rücksicht. Bei allen Touren gibt es Dinge, die für Kinder interessant, spannend und abwechslungsreich sind. Mal kann man alte Ruinen erforschen, mal gibt es irgendwelche Höhlen, oder man hat die Möglichkeit, während der Wanderung in einem Bach oder bei einem Wasserfall zu planschen. Auch bei den beschriebenen Städten und Sehenswürdigkeiten liegt das Hauptaugenmerk auf denen, die für die ganze Familie interessant sind.

Beste Reisezeit

Das Klima am Gardasee ist natürlich nicht nur milder als nördlich der Alpen, sondern auch als wenige Kilometer entfernt im Hinterland. Es ist

Der »Blue Tornado« in Gardaland ist nur was für Mutige (Tour 36).

bezeichnend, dass an den Ufern des Gardasees Palmen und Zitrusfrüchte wachsen, was nur ein Stück weiter entfernt vom See nicht denkbar wäre. Die beachtlichen Wassermassen des Sees dienen als natürlicher Wärmespeicher, wodurch die Winter milder und kürzer sind. Man kann deshalb durchaus auch einen Kurzurlaub in den Osterferien oder zu Pfingsten in Erwägung ziehen. Baden wird man im März und April zwar noch nicht können, aber viele der Attraktionen (Freizeit- und Kletterparks, Museen u. v. a.) sind dann schon – zumindest an Wochenenden und Feiertagen – geöffnet. Mai und Juni, die klassische Vorsaison, versprechen bereits angenehm milde Temperaturen, und man kann durchaus auch schon einzelne Badetage erwischen. Auch zum Wandern ist die Vorsaison angenehmer als der Hochsommer, wo es teilweise sehr heiß werden kann und wo auch häufig sehr heftige Gewitter niedergehen können. Die Monate Juli und August bieten den Vorteil, dass alle Attraktionen täglich geöffnet sind und dass die Wassertemperatur des Gardasees am höchsten ist. Der Nachteil sind lange Wartezeiten an den Kassen, Staus auf den Straßen und leider manchmal auch weniger freundliche Bedienung in Lokalen, wenn alles schnell gehen muss und schon der nächste Gast auf einen freien Tisch wartet.

Sprache

Prinzipiell ist die Verständigung rund um den Gardasee kein Problem, denn überall in den Touristenorten wird auch deutsch gesprochen – oder zumindest englisch. Sehr viele Hinweistafeln und Aufschriften sind auch auf Deutsch. Im Nordteil, der zur Provinz Südtirol-Trentino gehört, alleine schon aus historischen Gründen, aber auch in der Lombardei und in Venetien, da dort ein sehr großer Teil der Urlauber aus Österreich, Deutschland oder der Schweiz kommt. Im Hinterland, bei Weinbauern in einem Agrotourismusbetrieb oder bei den Bootsführern am Mincio etwa, sind Fremdsprachenkenntnisse weniger verbreitet. Aber mit ein paar Brocken Deutsch auf der einen Seite, mit einigen Worten Italienisch auf der anderen Seite und mit Händen und Füßen kann man sich doch stets irgendwie verständlich machen.

Schattiges Plätzchen am Abstieg von Pieve nach Campione (Tour 16).

Wenn einer eine Reise tut …

Anreise

Der klassische Anreiseweg an den Gardasee führt sowohl von Deutschland als auch vom Westen Österreichs aus über die Brennerautobahn Innsbruck – Brenner – Bozen – Trento – Verona. Da diese Strecke aber vor allem an den Wochenenden zu Ferienbeginn extrem stark frequentiert ist, sollte man durchaus Alternativen in Erwägung ziehen, wenn man nicht die Möglichkeit hat, unter der Woche anzureisen. Ein Ausweichen von der Autobahn auf die parallelführenden Bundesstraßen spart nicht viel Zeit, da diese Idee auch andere haben. Obendrein benötigt man dafür gutes Kartenmaterial oder ein Navi, da auf den Straßenwegweisern oft nur Zwischenziele angegeben sind und man sich dadurch schwer zurechtfindet.

Eine alternative Anreise, die sich vor allem für Besucher aus dem Osten Österreichs anbietet, ist die Strecke Villach – Udine – Venedig – Verona. Vor allem, wenn man den Süden des Gardasees als Ziel hat, ist diese Route kilometermäßig kaum ein Umweg. Hier sind es meist weniger die Urlauber, die für Stau sorgen, als die Einheimischen im Ballungsraum der großen Städte, an denen man vorbeifährt.

Von Westen Deutschlands kann man auch die Anreiseroute über die Schweiz nach Lugano und Mailand wählen und von dort Richtung Brescia und Verona fahren.

Wer sich Zeit nimmt und lieber auf Bundesstraßen die Landschaft genießt, als auf der Autobahn im Stau zu stehen, für den kann auch die Anreise über den Felbertauerntunnel und die Strecke Kitzbühel – Lienz – Innichen – Belluno – Feltre – Trento eine Alternative sein. Zeit spart man dabei kaum – dafür aber Nerven.

Eine Anreise mit öffentlichen Verkehrsmitteln ist ebenfalls möglich.

Viele spektakuläre alte Straßen sind heute Fußgängern und Radfahrern vorbehalten (Tour 16).

Fast alle Orte am Gardasee sind bequem mit dem Schiff erreichbar.

Am Südufer des Gardasees gibt es sogar zwei Städte mit direktem Bahnanschluss, nämlich Desenzano und Peschiera (Fahrplanauskunft: trenitalia.com). Von hier aus, bzw. auch von den großen Bahnhöfen in Verona und Brescia, sind die meisten Ortschaften am Ufer des Sees dann mit Bussen erreichbar. Es muss aber hier nochmals erwähnt werden, dass ein Teil der in diesem Führer vorgestellten Ziele öffentlich nicht oder nur sehr schwer erreichbar ist, sodass man sich – so lobenswert und ökologisch das auch sein mag – gut überlegen muss, ob man bei einem Urlaub am Gardasee wirklich auf die Flexibilität verzichten möchte, die einem das eigene Fahrzeug bietet.

Unterwegs am Gardasee

Wie oben erwähnt sind die meisten Ortschaften mit Bussen erreichbar. Hier macht sich allerdings die Aufteilung des Gebietes auf drei Regionen etwas nachteilig bemerkbar. Der Regionalverkehr ist Zuständigkeit der Provinzen, sodass es zwar innerhalb des Trentino, Venetiens oder der Lombardei einen recht dichten Busverkehr gibt, aber nur wenige Kurse am Tag über die Provinzgrenzen fahren (Fahrplanauskunft unter www.trentinotrasporti.it, www.atv.verona.it, arriva.it).

Für manche Touren kann zur Anreise auch das Schiff eine Alternative sein. Die »Navigarda« genannte Gardasee-Schifffahrtsgesellschaft (navigazionelaghi.it) fährt die meisten Hafenstädte mehrmals täglich an, und abgesehen davon, dass man sich dadurch den Stau auf den Straßen erspart (von dem natürlich auch die Busse betroffen sind), ist die Anreise auf dem See ein eigenes Erlebnis (siehe auch Tour 13).

Zahlreiche Ziele in diesem Buch sind aber leider nur mit dem Auto erreichbar. Wer mit dem eigenen Wagen unterwegs ist, findet am Gardasee ein gut ausgebautes, dichtes Straßennetz vor. Allerdings gibt es einige »Flaschenhälse«, an denen sich im Sommer zur Hauptreisezeit sehr häufig Staus bilden. Dies sind vor allem die Ortsdurchfahrten an den Straßen rund um den See, aber auch die Autobahnzu- und -abfahrten. Die Straßen entlang des Gardaseeufers zwischen Gargnano und Riva bzw. Torbole und Malcesine sind ein Erlebnis für sich; sie wurden bereits in den 1920er-Jahren mit enormem Aufwand in Form kilometerlanger Tunnel und Galerien angelegt, sind aber mittlerweile über weite Strecken bestens ausgebaut.

Sicherheit

Prinzipiell ist das Risiko, Opfer eines Taschendiebstahls oder eines Autoeinbruchs zu werden, in Norditalien nicht höher als in Deutschland oder Österreich. Gewisse Vorsichtsmaßnahmen sollte man trotzdem immer berücksichtigen. Wertgegenstände, Dokumente und Handy gehören weder ins Auto noch in die Außentasche des Rucksacks – aber das gehören sie zuhause ja auch nicht. Im

In der Altstadt von Gardone Riviera (Tour 21).

Großen und Ganzen gelten hier keine anderen oder strengeren Sicherheitsrichtlinien als daheim.
Die ärztliche Versorgung ist in Italien auf mitteleuropäischem Niveau. Die Mitnahme der Europäischen Krankenversicherungskarte ist obligatorisch, sie wird benötigt, um kostenfreie ärztliche Hilfe in Anspruch nehmen zu können. Vielerorts gibt es deutschsprachige Ärzte, und auch in den Spitälern ist die Verständigung kein Problem. Krankenhäuser oder Gesundheitszentren gibt es außer in Trento, Verona und Brescia auch direkt in der Nähe des Sees u. a. in Arco, Malcesine, Valeggio, Desenzano und Lonato.

Handy und Internet

Das Mobilfunknetz ist in Italien gut ausgebaut, allerdings gibt es bedingt durch die teils sehr steilen Berge und Täler immer wieder Stellen, an denen man keinen Empfang hat.

Geld

Geldautomaten sind in Italien weit verbreitet, allerdings nicht gleichmäßig verteilt. Das heißt, dass man in Einkaufszentren oder in den Innenstädten gleich mehrere Automaten verschiedener Gesellschaften nebeneinander finden kann, während sie in ländlichen Gebieten sehr rar sind. Es kommt auch immer wieder vor, dass Datenleitungen ausfallen und Geldautomaten dann eine Zeit lang außer Betrieb sind. Obwohl man in sehr vielen Geschäften (allen größeren Supermärkten, Tankstellen und an den Kassen der Freizeitparks) mit Karte bezahlen kann, sollte man deshalb immer einen ausreichenden Vorrat an Bargeld dabei haben. Wichtig: Man sollte immer genug Münzen dabei haben, da vielerorts Parkautomaten stehen, bei denen im Voraus die Gebühr für eine bestimmte Parkzeit bezahlt werden muss. Bezahlt wird selbstverständlich in Euro, wobei das Preisniveau von Ort zu Ort sehr unterschiedlich sein kann und umso höher liegt, je touristischer ein Ort ist. Insgesamt sind die Preise für vergleichbare Produkte eher höher als in Österreich oder Deutschland. Bei allen Programmpunkten in diesem Buch, bei denen Kosten anfallen, wird darauf hingewiesen. Die Preise entsprechen, soweit nicht anders angegeben, dem Stand von 2024 und können in den Folgejahren dementsprechend höher ausfallen. In Italien ist es üblich, dass in Restaurants, in denen es Tischdecken und Servietten gibt – oder bei denen es auf der Karte vermerkt ist – ein Betrag für das Gedeck verrechnet wird. Wie viel für »Copperto« verrechnet wird, ist von Lokal zu Lokal unterschiedlich. Dafür ist dann aber auch Brot und ggf. Grissini im Preis

Aktivitäten für Schlechtwetter & Co

Ausgesprochene, länger andauernde Schlechtwetterperioden sind zwar – vor allem im sonnenverwöhnten Südteil des Gardasees – nicht sonderlich häufig, aber ein paar Regentage kann man durchaus erwischen. Einige der in diesem Buch angeführten Programmpunkte sind auch bei Schlechtwetter möglich. Weitere Möglichkeiten sind:

Museumsbesuche: In diesem Buch sind einige Empfehlungen für Museen enthalten, aber auch darüber hinaus gibt es noch zahlreiche kleinere und größere Museen, die man sich durchaus ansehen kann und die auch für Kinder nicht uninteressant sind. So gibt es etwa in Bardolino ein Wein- und ein Olivenöl-Museum, ein Museum der Fischerei und Landwirtschaft im Scaligerschloss von Torri del Benaco, und in Peschiera kann man sogar ein ehemaliges Gefängnis besuchen! In Verbindung mit einem Besuch der unten angeführten Städte Trento, Brescia oder Verona gibt es noch zahlreiche weitere Museen, wie zum Beispiel das hochinteressante Wissenschaftsmuseum MuSe in Trento (Karten unbedingt über das Internet reservieren, sonst vor allem an Regentagen stundenlange Wartezeiten an den Kassen; muse.it/de), das Archäologische Museum in Verona oder das für Technikfreaks interessante Museo Mille Miglia in Brescia, das die Geschichte des berühmten Autorennens dokumentiert und eine bedeutende Oldtimersammlung beinhaltet.

Stadtbummel: Ein Stadtrundgang lässt sich im Gegensatz zu einer Wanderung viel leichter auch bei schlechtem oder zweifelhaftem Wetter einplanen. Schließlich kann man zur Not auch mit Regenschirm gehen. Im Hinterland des Gardasees befinden sich drei Städte, die auf jeden Fall einen Besuch wert sind und Kindern durchaus Spaß machen, sofern man nicht von einer Sehenswürdigkeit zur anderen hetzt. Im Norden des Sees ist Trento einen Abstecher wert, im Südwesten Brescia und im Südosten Verona.

Einkaufszentren: In allen größeren Städten befinden sich Einkaufszentren, die man aufsuchen kann, wenn einem bei Schlechtwetter nichts anderes mehr einfällt. Sie verfügen allesamt über überdachte Parkplätze oder Garagen, in denen man (zumindest für eine bestimmte Zeitspanne) gratis parken kann.

Wochenmärkte: In fast allen Orten rund um den See findet einmal pro Woche ein Markt statt. Termine erfährt man bei den Infostellen (siehe hintere Umschlagklappe) oder unter gardasee.de/shopping/maerkte

inbegriffen, und auch Trinkgeld muss keines mehr gegeben werden – das wird in Italien nicht, wie bei uns, als obligatorisch angesehen, sondern stellt eine besondere Anerkennung für exzellenten Service dar.

Notrufe

Auch in Italien gibt es mittlerweile die einheitliche europäische Notrufnummer 112, die man kostenlos von jedem Mobiltelefon aus wählen kann. Unter der Nummer 113 erreicht man direkt die Polizei (Polizia di Stato), während die 115 direkt zur Feuerwehr (Vigili del fuoco) führt. Die Nummer für die Pannenhilfe (Soccorso stradale) ist 116, und für den Notarzt (Emergenza sanitaria) 118. Letztere Nummer sollte man auch im Fall von alpinen Notfällen wählen.

INRI
GRUPPO PROSAC
TREMOSINE
2009
WWW.FULLINOX.IT

Größte Vielfalt auf kleinstem Raum

Der Gardasee misst in Nord-Süd-Richtung zwar nur rund 50 Kilometer, aber die Unterschiede in Landschaft, Klima und Vegetation, die man hier innerhalb weniger Fahrminuten mit dem Auto kennenlernt, sind gewaltig. Während der Norden durch steile und schroffe Berge gekennzeichnet ist, die sich zum Teil senkrecht wie gewaltige Mauern direkt aus dem See erheben und in deren Gipfelbereich Wälder und Almwirtschaften dominieren, erstreckt sich im Süden eine sanfte Moränenhügellandschaft mit Feldern und Weinbergen. Aber auch innerhalb einer Region lernt man eine beeindruckende Vielfalt kennen. Fährt man von Riva del Garda mit seinen mondänen Villen und seiner palmenbestandenen Uferpromenade nur wenige Minuten hinauf in die Berge, befindet man sich im Tal des Tennosees oder am Lago di Ledro bereits in einer ganz anderen Welt. Besonders eindrucksvoll sind diese Unterschiede auch am Westufer des Sees. Man kann hier oben auf den Bergen durch dichte Nadelwälder wandern, und wenige Kilometer Luftlinie entfernt an den Ufern des Sees wachsen Agaven und Zitrusfrüchte.

Das lässt schon darauf schließen, dass auch klimatisch gewaltige Unterschiede bestehen. Von hochalpinem Klima mit viel Schnee im Winter bis hin zu mediterran anmutenden Temperaturen an den Ufern des Sees kann man hier alles finden. Im Allgemeinen sind die Temperaturen im Südteil des Sees am höchsten, sowohl was die Luft- als auch was die Wassertemperatur angeht.

Auf der alten Straße von Pieve nach Campione (Tour 16).

Für Urlauber am Gardasee bietet diese Kleinräumigkeit immense Vorteile: Man kann sich ein Quartier in seinem Lieblingsort suchen und erreicht trotzdem im Rahmen eines Tagesausflugs alle anderen Ziele unterschiedlichster Art.

Eine Besonderheit des Gardasees, die ihn bei Wassersportlern so besonders beliebt gemacht hat, sind die hier zuverlässig und beständig wehenden Winde. So ist vor allem der Nordteil des Sees bei Riva und Torbole zu einem Treffpunkt für Segler und Windsurfer geworden.

Einen Nachteil gibt es allerdings auch: Eine exakte Wettervorhersage für bestimmte Orte des Gardasees zu treffen, ist recht schwierig. Oft kann man an einem Ufer in der Sonne sitzen und beobachten, wie wenige Kilometer entfernt an der anderen Seite ein schweres Gewitter niedergeht. Kleinräumige Luftströmungen und der Windschatten einzelner Berge und Felswände spielen hier eine große Rolle. Zum Trost: Ge-

Der Monte Bestone bei Limone: einer der schönsten Aussichtsgipfel (Tour 17).

Blick auf den Nordteil des Gardasees von der Burg von Malcesine.

witter, wie sie im Sommer sehr häufig vorkommen, sind meist schnell vorbei. Allerdings sollte man die dabei auftretenden Wassermengen und Windspitzen nicht unterschätzen. Vor allem wenn man auf einem der zahlreichen Campingplätze sein Quartier aufgeschlagen hat, sollten Zelte und Vordächer von Wohnwagen immer gründlich verspannt und gesichert sein, wenn man nicht erleben möchte, wie sich diese dann mitten in der Nacht in einem heftigen Hagelsturm selbstständig machen und über den halben Platz geweht werden.

Vielfalt ist aber auch das Motto im Bereich Kultur und Sehenswürdigkeiten. Auch wenn viele der Städte und Ortschaften am See einander auf den ersten Blick gleichen, so sind sie doch jede für sich ganz etwas Besonderes und strahlen ihr eigenes, unverwechselbares Flair aus. Ob nun das am nördlichsten Zipfel des Sees gelegene Riva mit den senkrecht darüber aufragenden Felswänden oder Malcesine mit seiner Scaligerburg, das sich an die Berghänge des Monte Baldo schmiegt, oder Sirmione auf seiner kilometerlangen Halbinsel – jede davon ist es wert, dass man sich Zeit nimmt, um das Besondere innerhalb der gebotenen Vielfalt zu entdecken und auf sich wirken zu lassen.

Aussicht von der Scaligerburg in Sirmione (Tour 23).

Gletschermühlen und der Garten Europas

Wie der gesamte Alpenraum verdankt natürlich auch das Gebiet rund um den Gardasee seine Entstehung geologischen Prozessen, die Jahrmillionen in die Erdgeschichte zurückreichen. Durch die Kontinentalverschiebung – die afrikanische Platte schob sich im Lauf von Millionen von Jahren nach Norden gegen die eurasische Platte – wurden Gesteinsmassen vom Grund der damaligen Ozeane aufgefaltet und Tausende von Metern über den Wasserspiegel angehoben. Zahlreiche Fossilien von Meerestieren, die sich im Gestein erhalten haben, lassen erkennen, dass die heute steil aufragenden Berge einmal ein Teil des Meeresgrundes waren.

Aber auch wenn in diesen früheren erdgeschichtlichen Zeiträumen die Landschaft im Groben geformt wurde – die einzelnen Bergmassive wie etwa der Monte Baldo wurden damals gebildet – so war es doch vor allem die letzte Eiszeit, die der Umgebung ihr unverwechselbares Erscheinungsbild verliehen hat und die den Gardasee und die Landschaft, die wir heute rundherum vorfinden, geformt hat. Enorme Gletscher, nach Berechnung der Wissenschaftler bis zu tausend Meter dick, überzogen damals die gesamten Alpen. Nur die höchsten Berggipfel ragten wie Inseln aus diesem Eismeer heraus.

Viele landschaftliche Besonderheiten, die man heute rund um den Gardasee bestaunen kann, stammen aus dieser Zeit. Dazu gehören die von den Gletschern zu glatten Steinplatten geschliffenen Felsen, die man sowohl an den seitlichen Flanken des Sarcatales als auch sehr gut an verschiedenen Stellen der Abhänge des Monte Baldo sehen kann. Millionen Tonnen Eis bewegten sich langsam, aber unter großem Druck talwärts und schliffen Gesteinsmaterial regelrecht blank. Man findet dieses Phänomen sowohl ganz im Norden des Sees, entlang des Panoramawegs Bussate (Tour 12), als auch weiter im Süden bis ans Kap Punta San Vigilio (Tour 31), wo die Felszeichnungen aus der Bronzezeit in genau solche Felsplatten eingemeißelt wurden.

Eindrucksvoll sind die riesigen »Gletschermühlen« bei Nago (Tour 11).

Auch die sogenannten Gletschermühlen, die »Marmitte dei Giganti«, wie man sie bei Nago (Tour 11) sehen kann, sind typische Produkte der Eiszeit. Sie entstanden durch zirkulierendes Schmelzwasser.

Bizarre »Mondlandschaft« in der Marocche di Dro (Tour 7).

Die enormen Gesteinsmassen, die die Gletscher vor sich her schoben, wurden dort, wo das Eis zu schmelzen begann, abgelagert und türmten sich im Lauf der Zeit zu einer mehrere Kilometer breiten Hügellandschaft – sogenannten Endmoränen – auf. Man findet diese Hügellandschaft heute im Süden des Sees, zwischen diesem und der Flussebene des Po. Als nun die Eiszeit sich dem Ende näherte und die Gletscher schmolzen, stauten sich die Wassermassen hinter diesen Endmoränen auf; das Wasser konnte nicht abfließen und füllte die dahinter liegenden Täler so lange auf, bis der Wasserspiegel so hoch angestiegen war, dass sich ein Abfluss durch die Hügellandschaft – im Falle des Gardasees der Fluss Mincio – bildete. So verdankt der gesamte Gardasee seine Entstehung den Gletschern der letzten Eiszeit.

An manchen Stellen waren aber auch die Seitenwände der Täler nach dem Schmelzen der Gletscher instabil geworden. Dies führte zu gi-

Beschaulicher Rückweg durch Olivenhaine im Sarcatal (Tour 10).

Vom Monte Baldo genießt man herrliche Blicke auf den See (Tour 29).

gantischen Felsstürzen, bei denen ganze Berghänge zu Tal stürzten und bizarre Geröllandschaften bildeten, wie man sie zum Beispiel im Sarcatal bei Dro sehen kann.
Auch die Tatsache, dass man den Monte Baldo als »Garten Europas« bezeichnet – weil hier zahlreiche endemische Pflanzenarten vorkommen, die nur mehr hier existieren –, ist der letzten Eiszeit zu verdanken. Während nämlich die Gebiete ringsum von dicken Eispanzern überzogen waren, ragte der Monte Baldo wie eine Insel aus diesem Eismeer hinaus. Pflanzen-, aber auch Tierarten, die anderswo nicht überleben konnten, fanden hier noch einen Rückzugsraum. Insgesamt findet man im Monte-Baldo-Massiv nicht weniger als 50 Prozent aller im gesamten Alpenraum vorkommenden Pflanzen auf sehr kleinem Raum vertreten. Dies wird auch dadurch möglich, dass man durch die großen Höhenunterschiede gleich vier verschiedene Klimazonen an den Hängen des Berges unterscheiden kann: Direkt an den Ufern des Sees herrscht mediterrane Vegetation mit Zitrusfrüchten, Oliven und Weingärten. Etwas weiter oben kommt man in eine Zone mit Kastanien und Steineichen, in der auch noch zahlreiche Mittelmeerpflanzen wie Rosmarin gedeihen. Danach folgt ein Mischwald aus Buchen, Ahorn, Linden und Fichten, und schließlich gelangt man beim weiteren Anstieg in die hochalpine Zone, in der Nadelbäume bzw. oberhalb der Baumgrenze nur mehr zwergwüchsige Kiefern, Heidekraut oder Wacholder gedeihen. Ein Naturerlebnis, nicht nur für ausgesprochenen Pflanzenliebhaber, das man sich nicht entgehen lassen sollte, und das – dank der Seilbahn von Malcesine auf den Monte Baldo – auch für jedermann leicht erreichbar ist.

Zeugnisse der Geschichte

Das Gebiet rund um den Gardasee ist bereits seit mehreren Jahrtausenden von Menschen besiedelt. Die ältesten Zeugnisse menschlicher Wohnstätten sind aus dem Neolithikum, also aus der Jungsteinzeit, erhalten. Die ältesten Siedlungen, die man nachweisen konnte, sind aber die Pfahlbauten, die in der Bronzezeit sowohl in einigen Orten am Ufer des Sees als auch im Hinterland bestanden haben. Am bekanntesten – und durch Rekonstruktion eines Pfahlbaudorfes auch am anschaulichsten – ist die Pfahlbausiedlung am Ostufer des Lago di Ledro, deren Besichtigung man sich nicht entgehen lassen sollte.

Auch aus der Römerzeit finden sich zahlreiche Überbleibsel. Am eindrucksvollsten ist dabei sicherlich die gewaltige Anlage einer römischen Villa an der Nordspitze der Halbinsel von Sirmione, die sogenannten »Grotten des Catull«, die nichts mit einer Grotte zu tun haben, aber trotzdem unbedingt einen Besuch wert sind.

Während dem Gebiet zur Zeit des römischen Imperiums eine längere Periode des Friedens beschert wurde, war es in späteren Jahrzehnten immer wieder Ort von – zum Teil sehr blutigen – Schlachten und Auseinandersetzungen. Schon im Jahr 268 ereignete sich die Schlacht am Lacus Benacus – so hieß der Gardasee zur Zeit der Römer – zwischen den Truppen unter Kaiser Claudius Gothicus und den von Norden her angreifenden Alamannen. Eine Ironie der Geschichte: Die gut ausgebaute Straße – die Via Claudia Augusta –, die die »Barbaren« nutzten,

Die »Grotten des Catull« in Sirmione sind Überreste einer römischen Villa (Tour 23).

um ins Gebiet der Römer einzudringen, hatten diese vier Jahrhunderte zuvor errichtet, um ihren Truppen die Alpenüberquerung zu erleichtern und um die Gebiete nördlich der Alpen zu erobern.

Dies war der Beginn einer unruhigen Zeit. Im 5. Jahrhundert eroberte der Hunnenkönig Attila Verona. Etwa ein Jahrhundert später wurde es von den Langobarden eingenommen, bis deren Reich im Jahr 773 von Karl dem Großen erobert wurde. Zweihundert Jahre später fiel das Gebiet rund um den Gardasee an das Herzogtum Bayern, doch schon kurze Zeit später bildeten sich hier unabhängige Stadtstaaten, und es kam zu heftigen Auseinandersetzungen zwischen den Anhängern des Kaiserreichs und denen des Papstes. Die Kämpfe, während denen ver-

Links: Die rekonstruierten Pfahlbauten am Lago di Ledro (Tour 14).

Wie aus dem Bilderbuch: die Scaligerburg von Sirmione (Tour 23).

schiedene Burgen am See von kaiserlichen Truppen belagert wurden, dauerten mehrere Jahrhunderte an. Erst Mitte des 13. Jahrhunderts kehrte wieder eine längere Periode des Friedens ein, während der das Herrschergeschlecht der Scaliger hier regierte. Sie ließen zahlreiche Burgen in ihrem Einflussbereich errichten, so etwa die bekannten Kastelle von Sirmione, Valeggio, Lazise, Torri del Benaco und Malcesine. Der Großteil davon ist bis heute erhalten und nicht zuletzt an der eigenwilligen Bauform der Zinnen, den sogenannten Scaligerzinnen oder Schwalbenschwanzzinnen, erkennbar.

Im 15. Jahrhundert gab es im Gebiet des Gardasees heftige Kämpfe um die Vorherrschaft in Norditalien zwischen der Republik Venedig und dem Herzogtum Mailand. Im Zuge dieser Auseinandersetzungen war der Gardasee sogar Schauplatz einer Seeschlacht – mit origineller Vorgeschichte: Da die Venezianer nämlich überhaupt keinen schiffbaren Zugang zum See hatten, wurde ihre gesamte Flotte auf dem Landweg von Mori im Etschtal über die Berge nach Torbole an der Nordspit-

Viele der Ruinen können auch besichtigt werden, wie hier in Drena (Tour 8).

Eine Gedenktafel im Tal Santa Lucia erinnert an den Schiffstransport zu Lande (Tour 11).

ze des Gardasees transportiert (siehe auch Tour 11). Mitte des 15. Jahrhunderts fiel der gesamte See dann an die Venezianer, die an seinem Abfluss bei Peschiera eine der mächtigsten Festungsanlagen Norditaliens errichteten.

Der spanische Erbfolgekrieg Anfang des 18. Jahrhunderts führte wieder zu massiven Kämpfen, in deren Verlauf zahlreiche Burgen von den Franzosen zerstört wurden: Sowohl die einst mächtige Burg von Arco (Tour 5) als auch das Kastell Penede bei Nago (Tour 11) und die Burg von Drena (Tour 8) wurden in dieser Zeit zu Ruinen.

Nach der Schlacht von Rivoli und dem anschließenden Frieden von Campo Formio wurde der Gardasee zwischen Frankreich und Österreich aufgeteilt: Das Westufer wurde den Franzosen, das Ostufer den Österreichern zugesprochen. Nach dem Wiener Kongress 1814–1815 kamen dann das gesamte Veneto und die Lombardei wieder unter österreichische Herrschaft, die erst durch die blutige Schlacht bei Solferino südlich des Gardasees im Jahr 1859 beendet wurde. Diese Schlacht gilt bis heute als eine der grausamsten und blutigsten der Geschichte und war Auslöser für die Gründung des Roten Kreuzes und die Vereinbarung der Genfer Konvention.

Auch wenn der Rest des Gebietes an das fortan geeinte Land Italien fiel, blieb die Nordspitze mit den Städten Riva und Torbole bis 1918, zum Ende des Ersten Weltkriegs, unter österreichischer Herrschaft. Aus diesem Krieg sind bis heute mächtige, von den Habsburgern errichtete Festungsanlagen sowie Gefechtsstellungen in den Bergen oberhalb der Städte erhalten, die heute auch zum Teil besichtigt werden können.

Der Norden

Die italienische Provinz Trentino hat flächenmäßig den geringsten Anteil am Gardasee und seinen Ufern. Fährt man von den Städten Riva del Garda oder Torbole nur wenige Kilometer nach Süden, kommt man bereits an die Provinzgrenze. Dennoch gehören einige der bekanntesten und beliebtesten Ziele zu dieser Region – aber nicht unbedingt für Leute, die ihre Zeit hauptsächlich am Strand und im Wasser verbringen. Denn zum Schwimmen ist es, zugegebenermaßen, im Süden angenehmer. Nachdem der Großteil der Zuflüsse des Sees hier im Norden einmündet und es sich dabei um eiskalte Gebirgsflüsse handelt, ist die Wassertemperatur in den einzigen beiden zum Trentino gehörenden Badeorten Riva del Garda und Torbole selbst im Hochsommer um 3–6 Grad kälter als etwa in Bardolino, Sirmione oder Desenzano.

Umso beliebter ist der Norden aber bei jenen Urlaubern, die in den Ferien an alles andere denken, als nur ruhig am Strand zu liegen. Aufgrund der hier beständig wehenden Winde hat sich Torbole zum wahren Paradies für Windsurfer entwickelt. Beobachtet man die hier in der Hauptsaison in Scharen eintreffenden Urlauberautos mit deutschen, österreichischen oder holländischen Kennzeichen, so fällt auf, dass die meisten entweder ein Surfbrett am Dach oder ein Mountainbike am Heckträger transportieren. Denn die zweite Gruppe von Aktivurlaubern, die den Norden des Gardasees frequentiert, sind die Mountainbiker. Für sie hat man hier ein dichtes Netz an markierten Routen geschaffen.

Im Norden gibt es eindrucksvolle Burgen wie hier in Arco (Tour 5).

Die Wanderer und Kletterer zieht es hingegen weniger in die Orte direkt am See als vielmehr in das wenige Kilometer vom Ufer entfernt gelegene und von einer mächtigen Burg überragte Städtchen Arco. Während man in den zahlreichen Sportzubehör-Geschäften in Torbole hauptsächlich Surfanzüge und -bretter in reicher Auswahl bekommt, reiht sich in Arco ein Geschäft für Kletterausrüstung an das andere. Mit gutem Grund, gibt es doch nicht nur an den Felswänden in Arco selbst, sondern auch in der näheren Umgebung zahllose Möglichkeiten, sich auf Hunderten Kletterrouten und in

Im Kletterpark Elias kann man an richtigen Felsen üben (Tour 9).

Unterwegs in der Schlucht des Rio Sallagoni (Tour 8).

mehreren Dutzend gut gesicherten Klettersteigen so richtig auszutoben (siehe Touren 6, 8 und 10).
Auch für Leute, die »nur« wandern wollen, bietet der Nordteil des Gardasees die größte Auswahl an Tourenmöglichkeiten.

Die Strände und Badeorte im Norden

Aufgrund der topografischen Gegebenheiten gibt es im Norden des Gardasees nur sehr wenige Strände, da überall südlich von Torbole und Garda die Felsen fast senkrecht ins Wasser abfallen. Hier im Norden ist das Wasser mit Abstand am klarsten und am saubersten, dafür aber auch – leider – am kältesten. Vor allem zu Beginn der Badesaison, im Juni oder auch noch Anfang Juli, erfordert es schon etwas Mut und Überwindung, hier im See schwimmen zu gehen. Die zahllosen Windsurfer in ihren Neoprenanzügen, die den Norden des Sees wegen der hier kontinuierlich wehenden Winde zu schätzen wissen, stört das weniger.
Im Prinzip gibt es hier nur drei Ortschaften, die einen Zugang zum See haben und über Strände verfügen. Sehr beliebt ist der Strand direkt östlich des Zentrums von Riva del Garda, die Spiaggia Sabbioni. Man erreicht ihn, indem man einfach vom Zentrum beim ehemaligen Bahnhof immer am Ufer entlanggeht. Es gibt viele Bäume, die Schatten spenden, und man kann hier auch Liegestühle, Sonnenschirme oder Tretboote mieten. Auch mehrere Lokale sind entlang der Promenade vorhanden, und in einem angrenzenden Park gibt es auch einen Kinderspielplatz.
Durch den Bergrücken des Monte Brione (siehe Tour 1) von Riva del Garda getrennt, liegt die Bucht von Torbole-Nago, in der auch der Fluss Sarca in den See mündet. Die Strände, die ganz im Westen der Bucht, diesseits der Sarca-Mündung, liegen – hier gibt es auch direkt nebeneinander drei Campingplätze – gehören zur Gemeinde Arco. Wie fast überall am See bestehen auch sie aus Kies. Es gibt etwa in der Mitte des Strandes eine kleine, flache »Baby-Lagune«, in der die Kleinsten gefahrlos planschen können. Der Strand verfügt über recht viel Schatten, weil zwischen Wasser und Uferpromenade zahlreiche Bäume stehen.
Jenseits der Sarca-Mündung beginnt der Ort Torbole, der ebenfalls über breite, flache Schotterstrände verfügt. Diese sind bis spät in den Abend hinein besucht, denn in diesem Bereich befinden sich direkt entlang der Strandpromenade zahlreiche Lokale und Bars. Auch hier stehen schattenspendende Bäume entlang des Ufers, und in einem Park ganz in der Nähe gibt es einen Kinderspielplatz.

Links und rechts der Sarcamündung gibt es schöne flache Strände.

Hallo Kinder,

wusstet ihr, dass es bis vor weniger als einem Jahrhundert nur zwei Möglichkeiten gab, von Riva del Garda und Torbole nach Süden zu gelangen? Man musste entweder mit einem weiten Umweg über die Berge wandern oder mit einem Schiff über den See fahren. Entlang der großteils senkrecht zum Wasser abfallenden Felswände zwischen Riva und Gargnano bzw. zwischen Torbole und Malcesine gab es nicht einmal Fußpfade. Während man am Ostufer nur relativ kurze Tunnel in die Steilwände graben musste und die östliche Uferstraße, die Gardesana Orientale, bereits im Jahr 1926 eröffnen konnte, stellte der Bau der Straße zwischen Riva und Gargnano am Westufer eine enorme Herausforderung dar. Über drei Jahre dauerte der Bau, wobei über siebzig Tunnel und Galerien errichtet werden mussten. Der Bau begann im Februar 1928 und war erst im September 1931 abgeschlossen. Als man in späteren Jahren allerdings die Straße für den immer stärker anwachsenden Verkehr ausbaute, entschloss man sich an vielen Stellen, eine Kette von mehreren kurzen Tunnels durch einen einzigen, tiefer im Berg liegenden langen Tunnel zu ersetzen. So kommt es, dass heute manche Abschnitte der alten Küstenstraße für den Autoverkehr gesperrt sind und nur mehr Fußgängern und Radfahrern zugänglich sind. Doch auch, wenn man zwischen den längeren Tunnels nun seltener den Blick auf den See genießen kann, ist eine Autofahrt entlang der berühmten Gardesana Occidentale noch heute ein fantastisches Erlebnis.

1 Am Weg des Friedens

Alte Festungen am Monte Brione bei Riva

ab 6 J.

Die gut erhaltene Forte Garda kann auch besichtigt werden.

Wie ein riesiges gestrandetes Schiff wirkt der Monte Brione von Weitem besehen – ein Kriegsschiff, wenn man ihn näher betrachtet. Denn auf seinem Bergrücken, von dem aus man einen weiten Ausblick bis hinunter in den Süden des Gardasees genießt, befinden sich gleich drei alte Festungsanlagen aus der Zeit, als hier die Grenze zwischen der Habsburgermonarchie und Italien verlief. Zwei dieser Festungen, von denen man eine sogar von innen besichtigen kann, werden wir auf dieser aussichtsreichen Wanderung zu sehen bekommen, die direkt in der Stadt Riva del Garda beginnt.

KURZINFO

Ausgangspunkt: Parkplatz am Ortsbeginn von Riva del Garda beim Yachthafen (Navi: 38066 Riva del Garda, Viale Rovereto 144).
Anfahrt: Auf der Straße Torbole–Riva fährt man durch den Tunnel unter dem Monte Brione und biegt kurz danach links auf den Parkplatz beim Yachthafen ein. Wer mit dem Schiff nach Riva kommt, geht an der Strandpromenade entlang nach Osten, bis er am Ortsende zum Yachthafen kommt (etwa 15 Min. Gehzeit pro Richtung zusätzlich). Bushaltestelle der Stadtbuslinien 1 und 2 an der Viale Rovereto 150 m vom Yachthafen.
Anforderungen: Unschwierige Wanderung auf großteils gut befestigten, teilweise mit Stufen ausgebauten Wegen.
Ausrüstung: Leichte Wanderschuhe, Proviant und ausreichend Trinkwasser, Sonnen- und Regenschutz.

Altersgruppe: Ab 6 Jahren.
Gehzeit: 2.00 Std.
Weglänge: 4,7 km.
Höhenunterschied: 320 m.
Öffnungszeiten: Der Weg selbst ist frei zugänglich, die Forte Garda ist Freitag bis Sonntag 10–17 Uhr geöffnet.
Kosten: Parkgebühr 2 € pro Stunde.
Einkehr: Unterwegs keine; zahlreiche Lokale in Riva del Garda.
Bademöglichkeit: Nach der Tour kann man sich an einem der Strände von Riva, ein Stück Richtung Zentrum oder 15 Min. zu Fuß in die andere Richtung in Arco Lido, abkühlen.
Informationen: Tourismusbüro Garda-Trentino, Tel. +39 0464 554444, gardatrentino.it

Eindrucksvoll sind die Überreste der Batteria di Mezzo.

Aussichtspunkt am Zustieg zur Forte Garda.

Riva del Garda

Nach der Wanderung – oder auch davor – sollte man es sich nicht entgehen lassen, dem Zentrum von Riva del Garda, dem Hauptort im Norden des Gardasees und zugleich der einzigen Stadt im zum Trentino gehörenden Teil des Gardasees, einen Besuch abzustatten. Die Stadt verströmt noch immer etwas von dem mondänen Flair aus der Zeit, als der Tourismus am Gardasee gerade erst begonnen hatte. Es gibt mehrere historische Hotels entlang der schönen Strandpromenade, die auch einen der beliebtesten Badeplätze der Region darstellt. Im historischen Zentrum – großteils Fußgängerzone – reiht sich ein Café und eine Eisdiele an die andere. Es gibt in Riva aber auch einiges zu besichtigen, so etwa den **ehemaligen Bahnhof**, in dem sich heute ein Tourismusbüro befindet, die von einem Wassergraben umgebene **Festung** (Rocca), in der sich heute das Stadtmuseum befindet, oder das imposante Gebäude des alten Wasserkraftwerks aus den 1920er-Jahren. Auch ein Aufstieg über 165 Stufen auf den 34 Meter hohen **Torre Apponale** an der Piazza 3 Novembre lohnt sich wegen der Aussicht.

Wir beginnen unsere Wanderung direkt am **Parkplatz (1)** beim Yachthafen am östlichen Ortsende von **Riva del Garda**, unmittelbar vor dem Tunnel an der Straße Richtung Torbole. Wir halten uns am Ufer entlang zu einer Festungsanlage, die sich auf der Landspitze befindet. Kurz bevor wir diese erreichen, zweigt nach links ein Stufenweg ab, der Richtung »Fortificacione di Monte Brione« ausgeschildert ist. Der Weg ist gut mit Holzstufen und Geländern ausgebaut und führt entlang der Felskante des Berges in nördlicher Richtung bergauf. Immer wieder haben wir einen schönen Ausblick hinunter auf die Bucht von Arco Lido und Torbole. Nach etwa 15 Minuten zweigt nach links ein Weg ab, der zur mächtigen Festung **Forte Garda (2)** führt, die man auch besichtigen kann. Vor der Festung gibt es einen Trinkwasserbrunnen. Wenn wir diesen Weg nehmen, gehen wir nach der Besichtigung auf einem seitlich neben der Befestigungsanlage bergauf führenden Waldweg weiter und treffen dann wieder auf den entlang der Felskante aufwärtsführenden Stufenweg. Wer die Festung nicht besuchen möchte, kann sich an der Abzweigung davor rechts halten und auf diesem Weg bleiben. Er führt an mehreren, gut mit Geländern und Netzen gesicherten Aussichtspunkten vorbei weiter bergauf und erreicht schließlich eine weitere eindrucksvolle Festungsanlage, die **Batteria di Mezzo (3)** knapp unterhalb des Gipfels, an der wir rechts vorbeigehen.

Noch immer entlang der Felskante kommen wir zu einem Kreuz, das an die Gefallenen des Ersten Weltkriegs erinnert. Wir gehen an diesem vorbei und halten uns leicht links abwärts. Nun geht es auf einem geschotterten Weg in zwei Serpentinen bergab und wir treffen auf eine Schotterstraße, auf der es rechts zum Gipfel mit dem Sendemast hinaufgeht. Diesen kurzen Abstecher von etwa zehn Minuten sollte man sich nicht entgehen lassen. Die Straße selbst endet am Tor der Sendeanlage, aber über einen Fußweg rechts davon kann man zum Gipfel des **Monte Brione (4)** hinaufsteigen, der nochmals einen fantastischen Ausblick – jetzt auch nach Norden ins Sarcatal Richtung Arco – bietet.

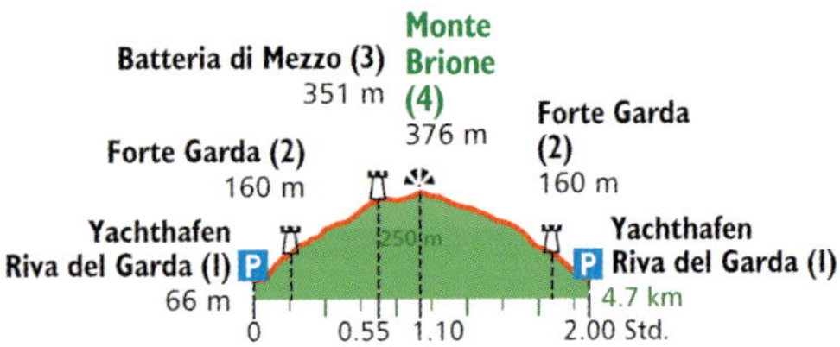

Abstieg mit fantastischem Blick auf den See.

Wir gehen auf demselben Weg zurück, bleiben nun aber auf der Schotterstraße, bis wir zur Batteria di Mezzo kommen. Vor dieser halten wir uns scharf rechts und folgen weiter der Straße bergab, an deren Ende wir bei einer Schranke auf eine Asphaltstraße treffen. Auf dieser gehen wir nach links bergab.
Wir kommen an zwei künstlichen Höhlen an der linken Straßenseite vorbei, durch die man – bei der ersten recht geradlinig, bei der zweiten etwas verwinkelt und über Stufen – jeweils zu einem einstigen Beobachtungs- und jetzigen Aussichtspunkt gelangt. Unmittelbar dahinter wendet sich die Asphaltstraße scharf nach rechts, während wir auf einem Fußweg geradeaus weitergehen. Dieser mündet wieder in den Hinweg, dem wir bis zur **Forte Garda (2)** folgen. Von hier geht es auf dem bekannten Stufenweg hinunter zum Yachthafen und zu unserem **Parkplatz (1)**.

Schlechtwettertipp

Falls man in Riva del Garda einmal einen Regentag erwischen sollte, bietet sich ein Besuch im Reptilienzoo »Reptiland« an. Er ist mitten im Zentrum des Ortes in einem historischen Gebäude genau gegenüber dem Eingang zur Wasserburg untergebracht. Hier kann man eine große Zahl giftiger und auch ungiftiger Schlangen bestaunen, wie etwa Kobra, Klapperschlange, Grüne Mamba oder Tigerpython. Aber auch andere gefährliche oder geheimnisvolle Tiere wie riesige Vogelspinnen oder Skorpione gibt es hier zu sehen.
Kosten: Kinder bis 8 Jahre gratis, Jugendliche 8 €, Erwachsene 9 €.
Öffnungszeiten: Mitte März bis Ende Oktober täglich 11–20 Uhr.
Adresse: Riva del Garda, Piazza Garibaldi 1.
Info: Tel. +39 348 7948389, reptiland.it

2 Wandern am Lago di Tenno

Vom Bilderbuchdorf Canale zum idyllischen Bergsee ab 6 J.

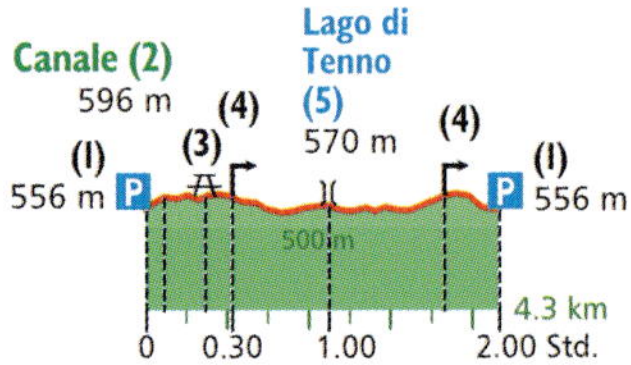

Das Dörfchen Canale an den Südabhängen unterhalb des Lago di Tenno gilt mit seinen engen gepflasterten Gassen, malerischen Innenhöfen und Bogengängen als eine der schönsten Ortschaften ganz Italiens. Dabei war Canale nach dem Zweiten Weltkrieg schon großteils von seinen Bewohnern verlassen und das Leben kehrte erst aufgrund einer Kulturinitiative in den 1960er-Jahren dorthin zurück. Von hier wandern wir zum kristallklaren Lago di Tenno, einem der schönsten Badeseen des Trentino.

KURZINFO

Ausgangspunkt: Parkplatz am Beginn der Straße nach Canale, die beim Hotel Cristina von der Straße Riva – Lago di Tenno (SS 421) abzweigt (Navi: 38060 Ville del Monte, Via Villa Sant' Antonio).
Anfahrt: Auf der Straße von Riva del Garda der Beschilderung Richtung Lago di Tenno folgen und dann in Ville del Monte beim Hotel Cristina nach rechts Richtung Canale abzweigen. Nach wenigen Metern befindet sich links ein in den Berghang hineingebauter Parkplatz. Mit dem Bus der Linie 211 ab Riva del Garda bis Ville del Monte.
Anforderungen: Vom Parkplatz bis zum Lago di Tenno leichter Spaziergang auf durchwegs befestigten und breiten Wegen, im Ortsgebiet gepflastert oder asphaltiert. Der Rundweg um den See ist teilweise schmal und unbefestigt.
Ausrüstung: Leichte Wanderschuhe, Sonnen- und Regenschutz, ausreichend Trinkwasser, bei entsprechendem Wetter Badesachen.
Altersgruppe: Ab 6 Jahren.
Gehzeit: 2.00 Std.
Weglänge: 4,3 km.
Höhenunterschied: 160 m.
Einkehr: Es gibt eine Bar in Canale, das Restaurant Mama Giosi beim Parkplatz am Tennosee, einen Imbisskiosk und eine Pizzeria an der Straße Riva – Tenno in der Nähe des Ausgangspunktes.
Bademöglichkeit: Rund um den See gibt es zahlreiche Badeplätze. Am flachsten ist das Wasser in der Bucht im Osten des Sees.
Informationen: Tourismusbüro Garda-Trentino, Tel. +39 0464 554444, gardatrentino.it

Auf Entdeckungstour in den engen Gassen von Canale.

Am malerischen Lago di Tenno. Gute Schwimmer können zur Insel hinüberschwimmen.

Ausgangspunkt unserer Tour ist der **Parkplatz (1)** an der Straßengabelung nach Canale. Von diesem gehen wir über Stufen hinauf zu einem oberhalb verlaufenden steingepflasterten Weg, dem wir nach rechts bergauf folgen. Wer von der Bushaltestelle an der Abzweigung nach Canale kommt, geht direkt den Fußweg hinauf, der oberhalb des Parkplatzes vorbeiführt.

Wir kommen an einem Trinkbrunnen vorbei hinauf in den entzückenden mittelalterlichen Ort **Canale (2)**, in dem es sich lohnt, ein wenig durch die alten Gassen zu streifen. Auf der Via del Lago verlassen wir den Ort dann wieder und gehen leicht ansteigend bergauf zu einer **Kreuzung (3)** mit einer Rastbank, von der aus man einen schönen Blick zurück auf den weit unter uns liegenden Gardasee genießt.

Hier geben Wegweiser geradeaus zehn Minuten zum Lago di Tenno und zurück ebenfalls zehn Minuten nach Canale an. Wir gehen noch kurz bergauf, überqueren einen kleinen Sattel und sehen danach bereits den See vor uns, an dessen südlichem

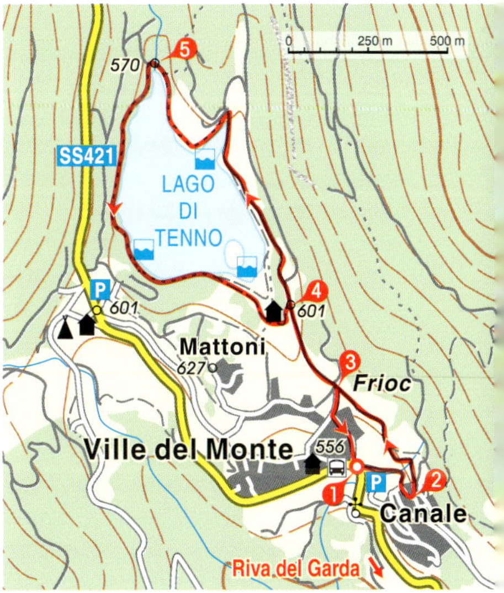

Ideal zum Baden und Spielen am Wasser: flache Bucht an der Nordostecke des Sees.

Zipfel sich auch ein baumbestandenes kleines Inselchen befindet. Nach kurzem Weg bergab kommen wir zu einer **Abzweigung (4)**, bei der man links zu einem Imbissstand käme (dort kommen wir am Rückweg vorbei). Für unsere Umrundung des Sees entgegen dem Uhrzeigersinn gehen wir hingegen geradeaus weiter. An der nächsten Gabelung halten wir uns halb links – hier gibt es eine Infotafel, auf der angegeben ist, was alles rund um den See erlaubt und verboten ist – auf einem Weg, der sich immer weiter dem Ufer nähert und auf einen Spazierweg trifft, der rund um den See verläuft.

Diesem folgen wir nun, wobei wir immer wieder an kleinen Badebuchten vorbeikommen. Am Nordende des Sees mündet ein kleiner Bach ein, den wir auf einer einfachen, aus zwei Baumstämmen bestehenden **Brücke (5)** überqueren. Danach bleibt man weiter auf dem Rundweg um den See, der jetzt in südlicher Richtung immer nahe dem Ufer verläuft. Nach etwa 15 Minuten führen nach rechts Stufen den Hang hinauf, über die man zu einem großen Parkplatz gelangen würde (dieser wäre ein alternativer Ausgangspunkt, ist allerdings meist durch Badegäste überfüllt und außerdem kostenpflichtig). Auf dessen gegenüberliegender Seite gibt es auch ein Restaurant. Wir aber bleiben am Seeufer, kommen an einer großen Liegewiese vorbei zu dem Imbiss- und Getränkekiosk, den wir schon am Hinweg gesehen haben. An dieser Stelle ist auch die Entfernung zwischen dem Ufer und der Insel am geringsten, sodass man, wenn man hier baden geht, auch leicht hinüberschwimmen kann.

Wir gehen hinter dem Imbissstand bergauf und treffen auf den Weg, auf dem wir gekommen sind **(4)**. Diesem folgen wir nach rechts bergauf über den Sattel und dann hinab Richtung Canale bis zu dem erwähnten **Rastplatz (3)**. Wer nochmals den alten Ort besuchen möchte, kann natürlich auf dem vom Hinweg bekannten Weg dorthin gehen. Wer direkt zum Auto zurück möchte, hält sich hier rechts und nimmt etwa 100 m weiter die erste Gasse nach links. Auf dieser geht es steil bergab. Wir kommen an einem Spielplatz und einem kleinen Supermarkt vorbei und treffen dann auf die Hauptstraße von Riva del Garda zum Tennosee. Auf dieser gehen wir links und kommen so zur Bushaltestelle oder, wenige Meter weiter, zum **Parkplatz (1)**, an dem wir unsere Wanderung begonnen haben.

Grotta Cascata Varone

Auf dem Weg zum Lago di Tenno lohnt es sich, einen Zwischenstopp beim Wasserfallpark Varone zu machen. Es handelt sich dabei um ein absolut sehenswertes Naturschauspiel. Im Lauf von Jahrmillionen hat sich der Fluss, der den Lago di Tenno entwässert, hier so tief in das Gestein eingegraben, dass eine derart schmale und enge Schlucht entstanden ist, dass man darin das Tageslicht nicht sehen kann, sondern eher den Eindruck einer Höhle gewinnt.

Der Zugang zu diesem spektakulären Wasserfall erfolgt auf zwei Ebenen durch einen schön angelegten botanischen Garten – bereits Ende des 19. Jahrhunderts wurde der Wasserfall erstmals durch Wege erschlossen und für Besucher zugänglich gemacht. Man gelangt über einen Weg durch den Garten, vorbei an Infotafeln zunächst zur »unteren Grotte« und kann dann über Stufen noch weiter hinauf zur 40 Meter höher gelegenen »oberen Grotte« gehen. Direkt beim Wasserfallpark gibt es einen Picknickbereich, außerhalb beim Parkplatz ein Ristorante und eine Gelateria.

Ausrüstung: Obwohl die Wege alle betoniert bzw. gepflastert sind, empfiehlt sich für den Besuch festes Schuhwerk mit griffiger Sohle. Im Nahbereich der Wasserfälle ist der Untergrund nass und rutschig. Auch ein Regenumhang und ein Pullover oder eine Jacke gehören ins Gepäck, da der Temperaturunterschied zwischen dem Inneren der Höhle und draußen beträchtlich ist.

Kosten: Pro Person 7 €, Familienticket 2 Erwachsene mit 1 Kind 19 €, mit 2 Kindern 24 €, mit 3 Kindern 28 €.

Öffnungszeiten: Ganzjährig täglich geöffnet; November bis Februar 10–17 Uhr, März und Oktober 9–17 Uhr, April und September 9–18 Uhr, Mai bis August 9–19 Uhr.

Anfahrt: Der Wasserfallpark liegt direkt an der Straße SS 421, die von Riva del Garda zum Lago di Tenno führt (Navi: 38060 Cologna, Via Grotta Cascata 20).

Info: Tel. +39 0464 521421, cascata-varone.com

3 Bei den glücklichen Eseln

Ausreiten im Hochtal oberhalb von Tenno ab 6 J.

Wer Tiere mag – und welches Kind mag das nicht –, der ist auf der familiär geführten Eselfarm »Le Vie degli Asini« genau richtig. Hier werden nicht nur mehrstündige Ausritte auf den gutmütigen Vierbeinern zu drei interessanten Zielen in der Umgebung angeboten, es gibt zusätzlich auch einen Streichelzoo und mehrere Kleintiergehege. Also alles, was das Herz kleiner und auch größerer Tierfreunde begehrt. Für die geführten Ausritte ist eine Anmeldung vorab unbedingt erforderlich!

KURZINFO

Anfahrt: Auf der Straße SS 421 von Riva del Garda Richtung Lago di Tenno, dann weiter auf der gleichen Straße bis zum Ort Ballino. Die Eselfarm befindet sich am Ortsbeginn, etwa 50 m vor der Pizzeria Corona, auf der rechten Straßenseite (Navi: 38075 Ballino, Trentino; N45.963998, E10.811157).
Bushaltestelle »Ballino« der Linie 211 etwa 100 m nördlich im Ortszentrum.
Ausrüstung: Leichte Sportschuhe und unbedingt lange Hosen, Sonnen- und Regenschutz.
Altersgruppe: Ab 6 Jahren.
Besuchszeit: Je nach Programm ½ bis 1 Tag, Dauer der Ausritte 2–6 Std.
Kosten: Auf Anfrage.
Einkehr: In Ballino gibt es zwei Gastronomiebetriebe: die wenige Meter nördlich der Eselfarm gelegene Pizzeria Corona sowie die ein am anderen Ende des Ortes (etwa 250 m entfernt) gelegene Pizzeria da Lucio.
Informationen: Le Vie degli Asini, Tel. +39 338 990 2531, leviedegliasini.it; eine Anmeldung vorab ist unbedingt erforderlich.

Am Weg zum Wasserfall des Rio Ruzza.

Eselreiten macht Spaß!

Ein Tag auf dem Rücken eines Esels, eine beschauliche Mischung aus Wanderung und Ritt, ein Naturerlebnis der ganz besonderen Art – das verspricht ein Besuch auf dem Bauernhof »Le Vie degli Asini« (»Die Wege der Esel«). Eingebettet in die traumhaft schöne Naturkulisse eines weiten Tales oberhalb des Lago di Tenno liegt die Eselfarm inmitten von Wiesen und Obstplantagen am südlichen Rand des mittelalterlichen Städtchens Ballino. Dort gibt es neben den Eseln auch noch andere Tiere zum Füttern und Streicheln, wie Ziegen, Gänse, Enten, Hühner und Meerschweinchen.

Der Verein »Le Vie degli Asini« wird von der Psychologin, Psychotherapeutin, Wander- und Naturführerin Dr. Manola Santorum geleitet. Hauptsächlich arbeitet man mit Schulklassen und anderen Gruppen, es wird aber auch Tiertherapie bei psychischen, kognitiven und sozialen Problemen angeboten. Esel sind sehr empathische, neugierige, geduldige, gutmütige und intelligente Tiere und deshalb für die Therapie besonders gut geeignet.

Daneben gibt es auch ein Programm für Einzelpersonen: Es werden insgesamt drei verschiedene Eseltrekkingtouren unterschiedlicher Länge angeboten. Die kürzeste, aber auch schon durchaus lohnende Route führt zum traumhaft im Wald gelegenen Wasserfall des Rio Ruzza. Die Tour dauert zwei Stunden, ist sehr einfach und kurzweilig und damit auch für kleinere Kinder geeignet.

Die nächstlängere Tour ist dann schon ein Ganztagsprogramm – sie dauert etwa fünf Stunden, ist 11 Kilometer lang und führt ebenfalls von der Farm in Ballino bergab zum Lago di Tenno (siehe Tour 2) und weiter ins mittelalterliche Dorf Canale. Dabei gibt es auch die Möglichkeit zu einem Badestopp am See.

Das längste Programm führt talaufwärts auf die Hochebene von Fiavè, wo es ein Biotop inmitten einer als Naturerbe geschützten Moorlandschaft gibt. Dieser Ausflug ist 12 Kilometer lang und dauert etwa sechs Stunden.

Bei den beiden Ganztagestouren gibt es unterwegs auch Gelegenheit für ein Picknick. Wer nach der Halbtagstour zum Wasserfall Hunger bekommen hat, kann diesen in den Pizzerias im Ort Ballino stillen.

Die Esel freuen sich über viele Streicheleinheiten.

4 Auf den Monte Calino

Waldspaziergang hoch über dem Lago di Tenno ab 6 J.

Die Berghütte Rifugio San Pietro am Monte Calino ist ein beliebtes Ausflugsziel und vom nächstgelegenen Parkplatz aus in weniger als zehn Minuten zu erreichen. Sie bietet einen herrlichen Ausblick über den Nordteil des Gardasees und ist eine richtige Oase zum Erholen. Auch an heißen Tagen ist es hier oben auf rund 900 Metern Höhe immer angenehm, und die Aussichtsterrasse sowie Liegestühle laden zum Relaxen ein. Auch Kleintiergehege und einen Spielplatz gibt es, sodass diese kurze, aber abwechslungsreiche Runde den Kindern noch mehr Spaß bereitet.

KURZINFO

Ausgangspunkt: Parkplatz »Calino« an der Straße von Canale zum Monte Calino (Navi: 38060 Tenno, Località Calino; N45.928674, E10.836907).
Anfahrt: Auf der Straße SS 421 von Riva del Garda Richtung Lago di Tenno bis Ville del Monte, dort rechts Richtung Canale abbiegen. An dem alten Ort vorbei, immer auf der Straße weiter geradeaus Richtung San Pietro bis zum Parkplatz.
Anforderungen: Großteils leichte, auf kurzen Stücken aber recht steile Wanderung auf Forststraßen und guten Wanderwegen.
Ausrüstung: Leichte Wanderschuhe, Trinkwasser, Sonnen- und Regenschutz.
Altersgruppe: Ab 6 Jahren.
Gehzeit: 2.15 Std.
Weglänge: 6,1 km.
Höhenunterschied: 250 m.
Einkehr: Rifugio San Pietro.
Informationen: Tourismusbüro Garda-Trentino, Tel. +39 0464 554444, gardatrentino.it

Durch die schattigen Wälder am Monte Calino.

Am **Parkplatz Calino (1)** weisen Schilder sowohl nach links als auch nach rechts zum Rifugio San Pietro. Von rechts werden wir am Ende der Tour zurückkommen; jetzt folgen wir dem linken Wegweiser (Rifugio San Pietro, Strada, 30 Min.). Für wenige Meter gehen wir noch auf der Asphaltstraße bergauf, dann zweigen wir in der ersten Kehre ab und nehmen hier eine geradeaus weiterführende Schotterstraße Richtung **Bastiani**. Wir folgen dieser Straße leicht bergab und kommen zu einem Haus mit Blumenschmuck und einem Trinkwasserbrunnen **(2)** daneben. Hier treffen wir auf den Weg Nr. 406, der von Canale heraufkommt. Wir folgen ihm nach rechts und gehen ein Stück recht steil durch den Wald bergauf. Nach diesem Anstieg treffen wir bei mehreren Häusern wieder auf die Straße, auf der wir links bis zu einem Parkplatz gehen, bei dem sie endet. Auf halbem Weg dorthin zweigt scharf rechts eine Forststraße ab, auf der man direkt und auf kürzestem Weg zum Rifugio San Pietro gelangen würde.
Wir hingegen wollen noch einen schönen Waldspaziergang genießen

Links: Gemütliche Rast am Rifugio San Pietro.

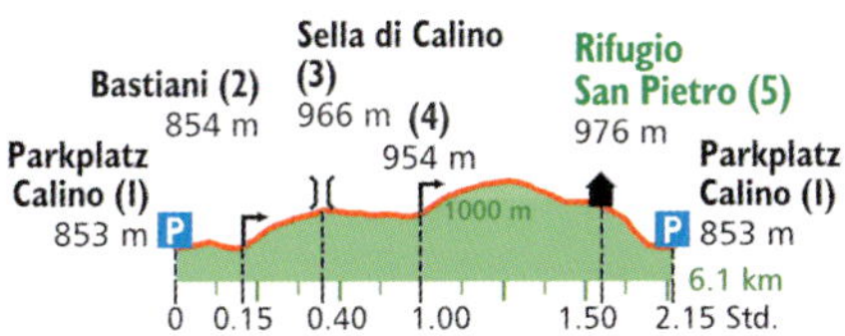

Spielplatz mit Panorama – was will man mehr?

und nehmen deshalb am Parkplatz den nach links führenden Weg Nr. 410, von dem nach kurzer Zeit am Bergsattel **Sella di Calino (3)** der Weg 412 abzweigt. Wir bleiben auf dem Weg 410, der auf einer Forststraße durch den Wald erst leicht bergab und dann praktisch eben durch den Wald führt. Nach 500 m gibt es wieder einen Wegweiser, bei dem halb links der Weg 410 bergab Richtung Val de Lomasone führt, während wir auf der breiteren Forststraße halb rechts eben Richtung **Vedese** gehen. Wir kommen nach etwa zehn bis 15 Minuten zu einem

Haus, bei dem sich der Weg nach rechts wendet. Geradeaus vor uns liegt eine mit einem Holzzaun abgesperrte Wiese; der Wanderweg führt hier bei einem Holzwegweiser rechts bergauf Richtung Rifugio San Pietro. Schon nach 100 m kommen wir zum nächsten **Wegweiser (4)**, bei dem wir auf den Weg 401 treffen. Auf diesem käme man links bergab Richtung Treni, während wir rechts Richtung Rifugio San Pietro gehen.

Der Wanderweg steigt durch den Wald an und führt über den unscheinbaren, bewaldeten Gipfel des Monte Calino. Danach geht es, mal steiler, dann wieder flacher auf einem Waldweg bergab zu einem weiteren Wegweiser, bei dem der Weg 480 nach links abzweigt. Wir halten uns rechts und 50 m weiter beim nächsten Wegweiser Richtung San Pietro nach links. Es geht noch einmal auf einer Forststraße leicht bergauf, dann führt uns die Markierung über einen Waldweg bergab und wir gelangen hinunter zum **Rifugio San Pietro (5)**.

Bei diesem handelt es sich um ein klassisches Ausflugsziel – und aufgrund des kurzen Zustiegs vom Parkplatz ist sie meist auch recht gut besucht. Die Hütte verfügt über eine schöne Aussichtsterrasse, es gibt einen Kinderspielplatz, Liegestühle und, ein Stück entfernt an dem Weg, der Richtung Parkplatz führt, auch Picknicktische. Hinter der Hütte finden die Kinder auch Kleintiergehege mit Ziegen, Schafen und Kaninchen.

Unterhalb der Berghütte folgen wir weiter dem Weg 401. Dieser ist für ein kurzes Stück sehr steil und sogar mit einem Seil zum Festhalten gesichert. Es geht scharf nach rechts und unterhalb einer Felswand weiter steil abwärts. Dann gelangen wir hinab zu einer Wegkreuzung, bei der wir wiederum dem Weg 401 bergab folgen. Wir gelangen zu einer Schotterstraße, auf der wir uns nach rechts wenden. Nach wenigen Metern geht sie in Asphalt über und führt uns direkt zurück zum **Parkplatz Calino (1)**.

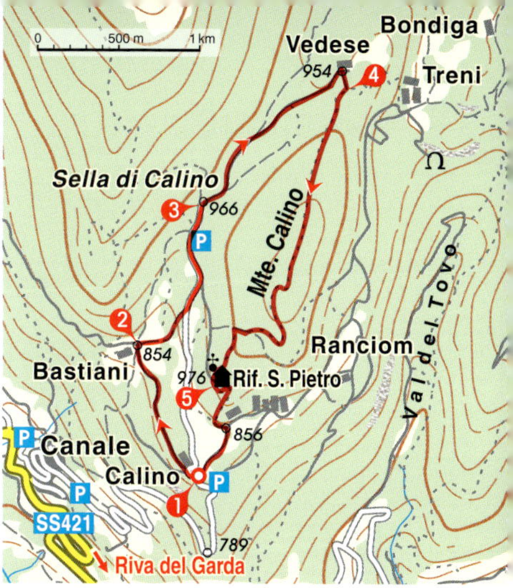

Freilaufende Ziegen können ganz schön aufdringlich sein.

5 Castello di Arco

Aufstieg zur mächtigsten Burgruine am Gardasee

ab 6 J.

Keine andere Festungsanlage rund um den Gardasee ist von ihrer Lage her so beeindruckend wie das Kastell von Arco, das auf einem nach drei Seiten hin weit über hundert Meter senkrecht abfallenden Felsen steht. Nur von Süden, aus Richtung der gleichnamigen Stadt, führt ein steiler Aufstieg zu der in mehreren Ebenen angelegten und von bis zu zehn Meter hohen Mauern umgebenen Burgruine. Der Aufstieg führt auch an einer Höhle vorbei, die in vergangenen Zeiten als Verlies gedient hat! Am höchsten Punkt wird man mit einem grandiosen Ausblick belohnt, und nach dem Abstieg locken die vielen Eisdielen der Stadt.

Schon von der Altstadt hat man einen Blick auf die Burgruine.

Die Reste des Bergfrieds auf halber Höhe der Burganlage.

KURZINFO

Ausgangspunkt: Gebührenpflichtiger Parkplatz am Rand des Zentrums von Arco (Navi: 38062 Arco, Via Paolina Caproni Maini).

Anfahrt: Auf der Straße SS 45bis Riva del Garda – Trento fährt man bis zum Kreisverkehr, an dem auch die Straße nach Nago und Rovereto abzweigt. Hier nimmt man die Ausfahrt Richtung Arco und folgt auf der Viale Rovereto weiter den Wegweisern Richtung Zentrum. Unmittelbar hinter der Brücke über den Fluss Sarca hält man sich rechts und folgt der Beschilderung zum Parkplatz. Mit dem Bus (Linien 1, 204 und 205 ab Riva) bis zur Haltestelle Arco Piazzale Foro Boario, von dort 5 Min zur Kirche Santa Maria Assunta.

Anforderungen: Großteils leichte Wanderung auf befestigten, gepflasterten und teilweise mit Stufen ausgebauten Wegen, allerdings mit großem Höhenunterschied.

Ausrüstung: Leichte Wanderschuhe, Sonnen- und Regenschutz.

Altersgruppe: Ab 6 Jahren.

Gehzeit: 1.30 Std.

Weglänge: 3,2 km.

Höhenunterschied: 200 m.

Öffnungszeiten: November bis Februar 10–16 Uhr, März und Oktober 10–17 Uhr, April bis September 10–19 Uhr.

Kosten: Eintritt für Erwachsene 3,50 €, Kinder und Jugendliche (12–18 Jahre) 2 €, Kinder unter 12 Jahren gratis. Parkgebühr 2,20 € pro Stunde.

Einkehr: Imbisslokal im untersten der Burghöfe. Zahlreiche Lokale in der Stadt.

Informationen: Tel. +39 046 4583511, comune.arco.tn.it

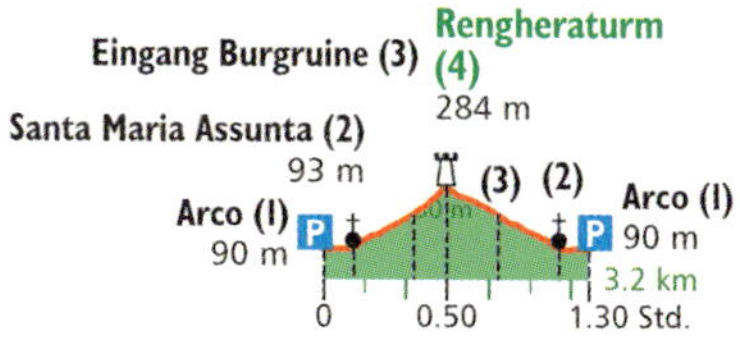

Hallo Kinder,

wusstet ihr, dass die Burg von Arco über tausend Jahre lang als uneinnehmbar gegolten hat? Durch die Lage auf ihrem Felsen mit den an drei Seiten senkrecht abfallenden Wänden musste man nur eine einzige Seite gegen Angreifer verteidigen. Diese strategische Lage hat man schon im 6. Jahrhundert erkannt – aus dieser Zeit stammen die ältesten Mauerreste der Festung. Die Burg wurde dann immer wieder erweitert und immer stärker befestigt. Österreicher, Bayern, Mailänder und Venezianer bissen sich beim Versuch, die Burg zu erstürmen, die Zähne aus, und die Grafen von Arco gehörten lange Zeit zu den mächtigsten Grafen des Landes. Erst Anfang des 18. Jahrhunderts gelang es einem französischen Heer, das Kastell von Arco einzunehmen – also erst zu einer Zeit, als Schusswaffen und Kanonen so weit entwickelt waren, dass selbst die dicksten Festungsmauern keinen ausreichenden Schutz mehr boten.

Der Aufstieg zur eindrucksvollen Burgruine von **Arco** beginnt direkt im Zentrum der Stadt. Vom **Parkplatz (1)** gehen wir zurück zur Brücke über die Sarca und bei dieser eine schmale, für den Autoverkehr gesperrte Straße rechts ins Zentrum hinein. Wir folgen der engen Via Giovanni Segantini an Geschäften, Lokalen und Eisdielen vorbei zum großen Platz vor der Kirche **Santa Maria Assunta (2)**. Am Beginn des Platzes – eigentlich noch bevor man auf diesen hinaustritt – zweigt rechts die Gasse Via Castello ab. Auf dieser gehen wir jetzt bergauf und gelangen aus dem Ort hinaus in einen kreuz und quer von Spazierwegen durchzogenen Olivenhain. Wir gehen immer bergauf – es gibt längere, flachere Wege, die im Zickzack hinaufführen, ebenso wie steilere Abkürzungen. Dazwischen finden sich Trinkbrunnen und schattige Rastplätze. Egal, welchen Weg man nimmt, gelangt man schließlich zum **Eingang (3)** der Burgruine. Rechts befindet sich ein großer, ebener Platz, von dem aus man bereits einen schönen Blick auf die Stadt Arco genießt und auf dem sich auch ein Imbisslokal befindet.

Im ehemaligen Felsengefängnis kann man auch herumkraxeln.

Der Rengheraturm steht am höchsten Punkt der Festung.

Von hier geht man nun immer weiter auf einem von alten Zypressen gesäumten Weg bergauf. Er führt zunächst am Felsengefängnis vorbei, einer natürlichen **Höhle**, die tatsächlich in früheren Zeiten als Kerker gedient hat. Dann kommt man hinauf zum weithin sichtbaren, höchsten und eindrucksvollsten Turm der Anlage, dem von seinen für diese Gegend typischen Schwalbenschwanzzinnen gekrönten romanischen **Bergfried**. Doch wir sind noch lange nicht am höchsten Punkt des Berges angelangt. Steil geht es im Zickzack hinauf, bis wir schließlich den ältesten Teil der Festungsanlage, den aus dem 11. Jahrhundert stammenden **Rengheraturm (4)**, erreichen.

Von hier wandern wir nun nicht auf dem Hinweg zurück, sondern nehmen einen Weg, der westlich unterhalb des Turmes durch ein Wäldchen aus alten Steineichen hinüber zum Wachturm Richtung Laghel führt. Danach geht es auf dem Weg bergab, der in einem weiten Bogen zurückführt und unterhalb des Bergfriedes, ein Stück oberhalb des Felsengefängnisses, auf den Aufstiegsweg trifft. Auf diesem spazieren wir nun wieder hinunter in den untersten Burghof. Wer möchte, kann von hier nochmals den Ausblick genießen oder sich genüsslich auf der Wiese in die Sonne legen.

Danach kehren wir auf einem der vielen verschlungenen Spazierwege durch den Olivenhain wieder in die Altstadt von Arco zurück. Bevor wir zum **Parkplatz (1)** gehen, sollten wir uns unbedingt Zeit nehmen, noch ein wenig in den engen Gassen herumzustreifen. Im Park südlich der Kirche kann man mit den Kindern einen netten Spielplatz besuchen, und natürlich darf auch »Gelati« als Belohnung für den mühsamen Aufstieg nicht fehlen.

6 Klettersteig für Einsteiger

Auf der Via ferrata dei Colodri bei Arco

ab 8 J.

Die Schlüsselstelle des Klettersteigs kurz vor dem Ausstieg.

Die Gardaseeberge – insbesondere der zum Trentino gehörende Teil – sind ein wahres Paradies für Liebhaber von Klettersteigen, die hier in Italien »Via ferrata«, also wörtlich übersetzt »eiserne Wege« genannt werden. Während manche davon aufgrund ihrer Länge und Schwierigkeit nur für erfahrene Bergsteiger geeignet sind, gibt es auch solche, die durchaus für Einsteiger und natürlich auch für Kinder geeignet sind. Einer der schönsten führt im Schatten der mächtigen Festung von Arco auf den Berg Colodri. Er gehört zu den meistbegangenen Steigen im Trentino, sodass es hier durchaus zu »Staus« und Wartezeiten kommen kann. Wie alle Klettersteige sollte man ihn nur dann mit Kindern begehen, wenn man als Erwachsener selbst über ausreichende Erfahrung verfügt.

KURZINFO

Ausgangspunkt: Parkplatz beim Freibad und Campingplatz Arco im Ortsteil Prabi von Arco (Navi: 38062 Arco, Via dei Legionari Cecoslovacchi).

Anfahrt: Wie bei Tour 5 beschrieben zur Brücke über den Fluss Sarca. Unmittelbar nach der Brücke biegt man rechts auf die Straße Via Paolina Caproni Maini ab. Nach etwa 600 m befindet sich rechts neben dem Freibad ein großer Parkplatz.

Wer mit dem Bus (Linien 1, 204 und 205 ab Riva) anreist, geht von der Haltestelle beim Zentrum von Arco zu Beginn der Tour auf der Straße zum Freibad und hat dafür einen kürzeren Rückweg.

Anforderungen: Großteils leichte, auch sehr gut für Kinder und Klettersteiganfänger geeignete Ferrata, fast durchgehend im Schwierigkeitsgrad A bzw. einzelne Stellen A/B, nur ein kurzes Stück beim Ausstieg aus der Wand Schwierigkeit B/C. Der Abstieg ist eine leichte Wanderung auf guten Wegen, zuletzt durch das Stadtzentrum von Arco und auf der Straße zurück zum Ausgangspunkt. Trittsicherheit und Schwindelfreiheit sind unbedingt nötig.

Ausrüstung: Wanderschuhe, komplette Klettersteigausrüstung (Helm, Klettersteigset, Gurt), Sonnen- und Regenschutz.

Altersgruppe: Ab 8 Jahren.

Gehzeit: 2.30 Std.

Weglänge: 3,9 km.

Höhenunterschied: 320 m.

Einkehr: Zahlreiche Lokale in der Stadt Arco, Imbiss beim Freibad.

Bademöglichkeit: Nach der Tour bietet sich ein Besuch im Freibad an.

Hallo Kinder,

Klettersteige machen Spaß – und wenn ihr die grundlegenden Sicherheitsrichtlinien beachtet, kann dabei auch nicht viel passieren. Die wichtigste Grundregel ist einfach, und solange ihr sie befolgt, seid ihr auf der sicheren Seite: Niemals dürfen beide Karabiner des Klettersteigsets gleichzeitig aus der Sicherung ausgehängt werden; erst, wenn ihr den zweiten Karabiner wieder sicher an der nächsten Sicherungsstelle einschnappen habt lassen, wird der erste geöffnet. Ihr könnt (und solltet) das in einem der in diesem Führer beschriebenen Kletterparks üben.

Die italienische Bezeichnung »Via Ferrata«, die sich mittlerweile auch in vielen anderen Ländern eingebürgert hat, bedeutet nichts anderes als »eiserner Weg« und beschreibt die modernen Klettersteige eigentlich sehr treffend: Üblicherweise handelt es sich um Aufstiegswege über sonst nicht (oder nur für gute Kletterer) zu bezwingende Felspassagen, die durch Eisenleitern, -stifte, -klammern und Stahlseile gesichert sind. Der erste Klettersteig Europas wurde im Jahr 1843 am Dachstein in Österreich errichtet, 1873 folgte der erste Klettersteig in Deutschland auf die Zugspitze. Die meisten dieser künstlichen Aufstiegshilfen entstanden aber im Ersten Weltkrieg, in dem Österreich-Ungarn im heutigen Südtirol und in Slowenien Krieg gegen Italien führte. Sie wurden also nicht zu touristischen Zwecken, sondern aus militärischen Gründen angelegt. Ein Beispiel in diesem Führer ist der Sentiero degli Scaloni (Tour 10), während die hier beschriebene Via ferrata dei Colodri oder der bei Tour 8 beschriebene Klettersteig durch die Schlucht des Rio Sallagoni extra für Kletterer angelegt wurden. Letzterer zeigt übrigens einen Trend, der sich in den letzten Jahren immer weiter verbreitet hat: Um die Ferrate für Touristen noch spektakulärer zu machen, werden zunehmend spannende Elemente eingebaut, die gar nicht zwingend notwendig wären, wie etwa wacklige Seilbrücken.

Der Blick zurück ist nur etwas für Schwindelfreie.

Vom Parkplatz beim **Freibad (1)** in **Arco** folgt man einem markierten Zustiegsweg, bei dem es sich zugleich auch um einen Fitnessparcours handelt, durch lichten Wald und vorbei an zahlreichen Boulderfelsen, die ebenfalls Gelegenheit zum Herumkraxeln bieten, hinauf zum unteren Ende der Steilwand. Von hier geht es zunächst über mehrere leicht zu erklimmende, nicht senkrechte Felsstufen über einen Hang nach rechts. Es folgt ein Wegabschnitt, der eher einem normalen Wanderweg als einem Klettersteig gleicht und auch nicht durchgehend mit Seilen gesichert ist. Wichtig ist nur, sich bei den kurzen, gesicherten Abschnitten trotzdem zu sichern (gilt vor allem für die Kinder, aber auch für die Erwachsenen als Vorbild), auch wenn diese leicht erscheinen und die Versuchung groß ist, einfach ungesichert weiterzugehen. Der Weg führt nun in südlicher Richtung, also vom Tal aus gesehen nach links ansteigend durch einen Hangteil mit schrägen Felsplatten. Wirklich etwas schwieriger als der Rest ist erst das allerletzte Stück des Weges, kurz bevor man das Gipfelplateau erreicht. Hier geht es für wenige Meter mit Hilfe von Eisenklammern hinauf, und bald hat man den Ausstieg auf ein schroffes und zerklüftetes Karstplateau erreicht.

Nun geht es über einen gewöhnlichen Wanderweg noch ein Stück weiter bergauf zum Gipfelkreuz auf

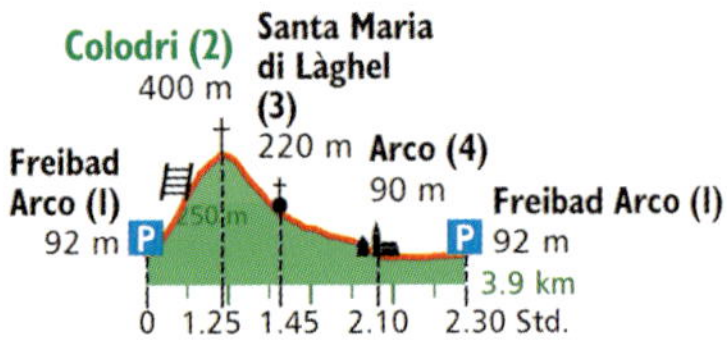

Geschafft! Vom Gipfelplateau reicht der Blick bis zum Gardasee.

dem **Colodri (2)**, von dem aus man einen herrlichen Blick hinüber zur Burg von Arco sowie bis zum Gardasee genießt. Von hier führt nun ein gut markierter Wanderweg auf der Westseite des Berges hinunter zur kleinen Kapelle **Santa Maria di Làghel (3)**, bei der man auf eine Asphaltstraße trifft. Auf dieser geht man bergab und an der Abzweigung nach 100 m geradeaus weiter Richtung Kastell. In einer Straßenkehre nehmen wir einen Fußweg geradeaus weiter, der uns direkt hinunter ins Zentrum von **Arco (4)** bringt. Hier gibt es zahlreiche Einkehrmöglichkeiten und Eissalons.
Um zum Ausgangspunkt zurückzukehren, geht man links haltend auf der Via Giovanni Segantini aus dem Stadtzentrum hinaus und kommt zur Brücke über den Fluss Sarca. Diese quert man aber nicht, sondern geht auf der von der Anfahrt bekannten Straße Via Paolina Caproni Maini am diesseitigen Ufer entlang in etwa 15 Minuten zurück zum Parkplatz beim **Freibad (1)**.

Das Gipfelkreuz auf dem Colodri.

7 Auf den Spuren der Dinosaurier

Durch die Mondlandschaft Marocche di Dro — ab 6 J.

Im Tal des Flusses Sarca, nördlich von Dro und unterhalb der eindrucksvollen Burgruine von Drena, befindet sich ein Naturreservat, das auf den ersten Blick einer Steinwüste gleicht. Durch vielfältige Formen der Erosion, vor allem durch den Einfluss der Gletscher, hat sich hier eine einzigartige, wilde und schroffe Felslandschaft gebildet.

KURZINFO

Ausgangspunkt: Parkplatz des Naturschutzgebietes Marocche di Dro links der Straße von Dro nach Drena (Navi: 38074 Dro, SP84 Nr. 3; N45.971643, E10.933755).
Anfahrt: Auf der Straße SS 45bis Riva del Garda – Trento bis Dro, dort rechts auf die SP 84 Richtung Drena abbiegen. Mit dem Bus der Linie 204 oder 205 bis zur Haltestelle Lavini di Dro, direkt beim Parkplatz.
Anforderungen: Leichte, aber stellenweise sehr steinige Wanderung auf großteils gut befestigten, teilweise mit Stufen ausgebauten Wegen.
Ausrüstung: Feste Wanderschuhe, Sonnen- und Regenschutz.
Altersgruppe: Ab 6 Jahren.
Gehzeit: 2.30 Std.
Weglänge: 6,1 km.
Höhenunterschied: Rund 200 m.
Einkehr: Unterwegs keine; die nächsten Lokale befinden sich in Drena und Dro.

Hallo Kinder,

die versteinerten Dinosaurierspuren, die ihr auf unserer Wanderung sehen könnt, wurden vor ungefähr 190 Millionen Jahren im Erdzeitalter des Jura von mindestens zwei verschiedenen Dinoarten hinterlassen. Bei einem davon soll es sich um einen eher kleineren Fleischfresser, beim anderen aber um einen Pflanzenfresser von etwa sechs bis sieben Meter Länge gehandelt haben. Beides sicherlich keine Tiere, denen man gerne über den Weg laufen würde. Zu jener Zeit sah die Landschaft hier noch völlig anders aus, denn das Tal mit den steilen Felshängen entstand erst Jahrmillionen später, und der Felsbrocken mit den Spuren ist irgendwann im Lauf der Zeit bei einem gewaltigen Felssturz hierher gelangt.

Am Felsen mit den Dino-Spuren.

Auf Erkundungstour durch die Mondlandschaft.

Wir beginnen die Wanderung beim **Parkplatz (1)** an der Straße von Dro nach Drena und folgen einem Holzwegweiser mit einem gelben Pfeil und einem symbolisierten Dinosaurier westwärts. Der Wanderweg führt zunächst durch lichten Wald. Dort, wo man aus dem Wald herauskommt, mündet neben einem **Hochspannungsmast (2)** von links ein anderer, leicht zu übersehender Weg ein – unser späterer Rückweg. Nun wandern wir im leichten Auf und Ab durch offenes Gelände über eine bizarre Felslandschaft und kommen an mehreren Informationstafeln über die Geologie, Flora und Fauna des Naturschutzgebietes vorbei. Anfangs geht es hauptsächlich bergab in eine flache Senke. Nach etwa einem Kilometer zweigt nach links ein Weg ab, der eine Abkürzung darstellt, auf dem wir aber die Dinosaurierspuren verpassen würden.

Der Weg führt anschließend wieder eher bergauf und quert einen Bergrücken, auf dem ein nicht markierter Verbindungsweg zur stets über uns sichtbaren (und hörbaren) Straße abzweigt. Man durchquert abermals eine Senke und kommt auf deren anderer Seite zwischen großen Steinblöcken zu einer Abzweigung,

Am Zustieg zur »Mondlandschaft«.

bei der wir nach rechts einem Schild mit Dinosauriersymbol folgen. Etwa 100 m hinter der Abzweigung geht es nach links durch ein wildes Felsenlabyrinth hinauf zu einer **Infotafel (3)** neben einer schräg stehenden Steinplatte, auf der deutlich die **Dinosaurierfährten** erkennbar sind. Wir kehren zurück zur letzten Abzweigung und wandern hier nun geradeaus weiter, dem ausgeschilderten Rundweg folgend. Auf einem breiten Schotterweg geht es nun leicht bergauf durch ein bewaldetes Tal, dann auf grobem Schotter steil bergab ins Tal. Wir spazieren entlang von Weingärten und treffen auf einen Radweg, der nach links auf einer **Brücke (4)** über einen Kraftwerkskanal führt. Dieser Wasserlauf verschwindet ein Stück südlich von uns in einem Tunnel. Wir folgen dem Radweg etwa 200 m weit und kommen dabei an einem Rastplatz mit Jausenbank vorbei. Kurz darauf zweigt bei einer Orientierungstafel mit einem Übersichtsplan des Naturschutzgebietes ein Schotterweg halb links ab, den wir nehmen.

Wir wandern nun eben durch den Wald. Der Schotterweg geht in einen schmalen Fußweg über, der bergab in eine Senke führt, in der man wieder auf den für ein Stück oberirdisch verlaufenden Wasserkanal trifft. Wir gehen parallel zu ihm und, nachdem er wieder in einem Tunnel verschwindet, über steiniges Gelände steil bergauf. Erneut überqueren wir einen Höhenrücken, und die Landschaft wirkt für ein Stück ähnlich schroff und unwirtlich wie am Großteil des Hinweges. Über Holzstufen geht es bergab zu einem künstlichen eingezäunten Speichersee, an dessen Ufer wir entlangwandern. Wir kommen an einem Tor im Zaun vorbei, bei dem wir uns links wenden und leicht bergab gehen. Auf einem Fußweg gelangen wir unterhalb des Staubeckens zu einem Fahrweg, auf dem man links die Straße Dro – Drena erreichen würde. Wir wenden uns hier aber auf dem ausgeschilderten Rundweg scharf links, gehen parallel zu dem Weg, den wir gerade gekommen sind, zurück und steigen dann steil bergauf, auf einen **Hochspannungsmast (2)** zu. Bei diesem treffen wir wieder auf den Hinweg, wenden uns rechts und gelangen so in wenigen Minuten zurück zum **Parkplatz (1)**.

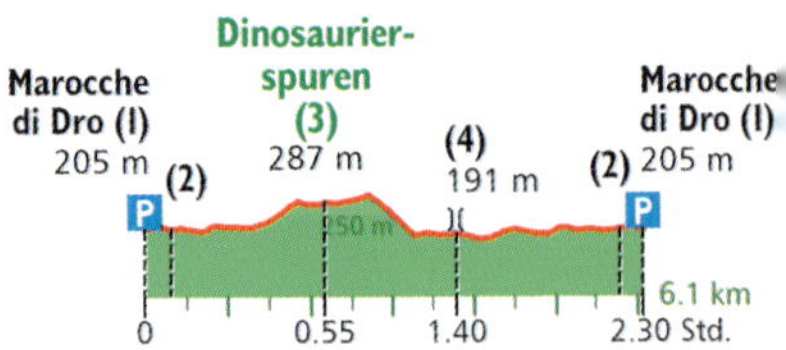

Durch die Schlucht der Abenteuer

8

Spektakulärer Klettersteig im Tal des Rio Sallagoni ab 10 J.

Die Via Ferrata, die man durch die Schlucht des Rio Sallagoni errichtet hat, gehört zu den spannendsten und spektakulärsten Klettersteigen, die auch für Kinder geeignet sind. Durch ein wildromantisches Tal mit Wasserfällen, dschungelartiger Vegetation und riesigen Felsblöcken steigt man hinauf zur hoch auf einem Felsen thronenden Burg von Drena. Dabei sind nicht nur überhängende Passagen direkt über dem rauschenden Wasser, sondern auch zwei nur aus Drahtseilen bestehende »tibetanische Brücken« zu überwinden. Wie alle Klettersteige sollte man auch diesen nur dann mit Kindern begehen, wenn man selbst die dafür nötige Erfahrung hat.

KURZINFO

Ausgangspunkt: Parkplatz rechts der Straße von Dro nach Drena (Navi: 38074 Dro, SP84 Nr. 3; bzw. N45.972899, E10.934942).
Anfahrt: Auf der Straße SS 45bis Riva del Garda – Trento bis Dro, dort rechts auf die SP 84 Richtung Drena abbiegen. An der Straße von Dro nach Drena gibt es kurz hintereinander zwei Parkplätze. Der erste auf der linken Seite gehört zum Naturschutzgebiet Marocche di Dro (siehe Tour 7); wir nehmen den folgenden, der sich auf der rechten Straßenseite befindet. Mit dem Bus der Linie 204 oder 205 bis zur Haltestelle Lavini di Dro in der Nähe des Parkplatzes.
Anforderungen: Durchaus anspruchsvolle Via Ferrata nur für Kinder, die schon etwas Erfahrung mit Klettersteigen haben (Schwierigkeit B, kurze Abschnitte C). Eine Mindestgröße von 1,40 m ist ratsam; kleinere Kinder ab etwa 1,20 m brauchen die Hilfe eines Erwachsenen. Trittsicherheit und Schwindelfreiheit sind unbedingt nötig.
Ausrüstung: Feste Wanderschuhe, komplette Klettersteigausrüstung (Helm, Klettersteigset, Gurt), Sonnen- und Regenschutz.
Altersgruppe: Ab 10 Jahren.
Gehzeit: 2.30 Std.
Weglänge: 2,4 km.
Höhenunterschied: Rund 200 m.
Hinweis: Wer kein eigenes Klettersteigset besitzt, kann die Ausrüstung auch beim Imbiss am Parkplatz unterhalb der Burg von Drena für 5 € mieten.
Einkehr: Imbiss beim Parkplatz unterhalb der Burg Drena.

Eine der Schlüsselstellen am Beginn des Canyons.

Auf der »tibetanischen Brücke« kann man die Schlucht queren.

Vom **Parkplatz (1)**, bei dem sich auch mehrere Rastbänke befinden, gehen wir in südöstlicher Richtung, also von der Straße weg, etwa 100 m auf einem Weg, der dann auf einen breiten Feldweg trifft. Auf diesem halten wir uns rechts und kommen leicht bergab nach etwa 300 m zu einem Wegweiser, bei dem der Zustieg zum **Rio Sallagoni** abzweigt. Hier links bergab ins Bett des Flüsschens **(2)**. Der Klettersteig beginnt gleich recht spektakulär am unteren Ende eines kleinen Wasserfalls. Die Felsstufe, über die das Wasser herabstürzt, wird nämlich ausschließlich über Eisenklammern überwunden, die man stufenförmig in die senkrechte Felswand links des Wasserfalls geschlagen hat. Danach folgt eine längere, waagrechte Passage, auf der man den engsten Teil der Schlucht durchquert.

Das Tal weitet sich etwas, und man kommt in einen flacheren, dicht bewachsenen Teil. Hier kann man entweder auf der rechten Talseite bleiben oder, abenteuerlicher, über den Bach nach links gehen, um dann über eine nur aus drei Stahlseilen bestehende tibetanische Brücke wieder auf die rechte Talseite zurückzukehren. Man steigt bergauf durch eine weitere Engstelle der Schlucht und kommt in einen wirklich märchenhaften Abschnitt, der über und über mit Farnen bewachsen ist. Wir gehen hinter einem gro-

Rechts: Gleich die ersten Meter des Klettersteigs haben es in sich.

Hallo Kinder,

das kleine Städtchen Drena ist nicht nur für seinen traumhaft schönen Klettersteig bekannt, sondern vor allem für die Burgruine, die hoch über dem Tal der Sarca thront und die ihr auch besichtigen könnt. Der Ausblick von den Zinnen der im 12. Jahrhundert erstmals erwähnten Befestigungsanlage ist eindrucksvoll, und im Inneren des Bergfrieds ist ein kleines sehenswertes Museum mit archäologischen Funden aus der Region untergebracht. Es finden auch immer wieder Kunstausstellungen dort statt.
Öffnungszeiten: Täglich außer Montag geöffnet; März bis Juni und September 10–18 Uhr, Juli und August 10–19 Uhr, Oktober 10–17 Uhr.
Eintritt: 4 € Erwachsene, 3 € Kinder 12–18 Jahre, unter 12 Jahre frei.

ßen Felsblock auf der rechten Talseite vorbei und haben dann abermals die Wahl, ob wir den leichteren Weg nehmen wollen – er führt rechts über Holzstufen bergauf – oder weiter der Ferrata folgen, die uns an der linken Talseite wieder über Metallklammern hinauf zu einem Felsvorsprung bringt, von dem eine zweite tibetanische Brücke zurück an die rechte Talseite führt.
Kurz darauf endet der gesicherte Teil der Schlucht. Der Weg verläuft nun im Zickzack mit Holzgeländern gesi-

Auch unterwegs gibt es zahlreiche kleine Wasserfälle.

Die eindrucksvolle Ruine von Drena thront hoch über dem Ort.

chert kurz steil bergauf, dann kommen wir zu einer **Abzweigung (3)**, an der unser rot markierter Weg nach links bergab über eine Holzbrücke abzweigt. Drüben steigt man steil hinauf zu einer Felswand an, unterhalb derer der Weg über Felsen bergauf führt. Auf einem kurzen Stück ist ein Seil zum Festhalten gespannt; eine Seilsicherung ist hier nicht mehr notwendig.

Danach kommt man auf einen schönen Wanderweg, der nun mit Holzgeländern versehen weiterführt und in einen Fahrweg mündet. Auf diesem gehen wir links und treffen auf eine Asphaltstraße, die Via Al Castello, der wir links zu einem Parkplatz folgen, auf dem sich auch ein Imbiss befindet.

Für den Rückweg wandern wir ein Stück den Weg hinauf, der zur Burg von Drena führt. In einer Linkskurve gibt es einen **Trinkbrunnen (4)**; bei diesem kann man weiter dem Weg hinauf zur Burg folgen, wenn man diese besichtigen möchte (siehe Hallo-Kinder-Kasten), oder sich gleich an den Abstieg machen. Der markierte Weg führt ab hier bergab, kommt an zwei Rastplätzen vorbei und kreuzt dann die SP 84. Für ein kurzes Stück wandern wir unterhalb einer Steinmauer parallel zur Straße, dann auf einem alten steingepflasterten Weg bergab zu einer neuerlichen Kreuzung mit der Straße. Auf dieser geht man, dem Wegweiser Richtung Rio Sallagoni folgend, wenige Meter bergauf, um dann rechts abzuzweigen. Die ersten Meter sind asphaltiert, dann steigen wir auf einem alten Hirtenpfad durch den Wald bergab. Großteils im Schatten, stellenweise aber recht steil geht es in Serpentinen hinunter. Am Rand eines Olivenhaines treffen wir wieder auf den breiten Feldweg, den wir vom Anfang der Tour kennen, und erreichen auf diesem rechts bergauf unseren **Parkplatz (1)**.

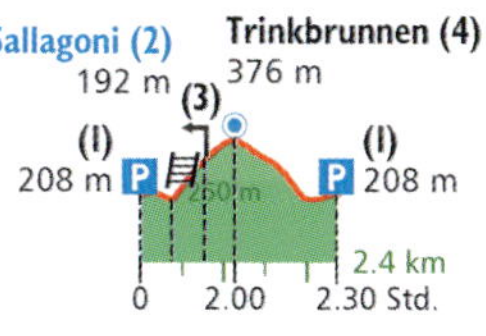

9 Klettern und Kraxeln bei Dro

Boulderfelsen und ein traumhafter Kletterpark ab 3 J.

Der Kletterpark Elias nördlich von Dro unterscheidet sich von allen anderen Anlagen rund um den Gardasee. Hier wird nicht im Wald zwischen hohen Bäumen, sondern zwischen natürlichen Felsblöcken und künstlich errichteten Holzmasten geklettert. Höhepunkt ist ein »Flying Fox«, eine Seilrutsche von über 200 Metern Länge, die über den Fluss Sarca hinausführt. Wer vom Klettern noch nicht genug hat, kann sich ganz in der Nähe an einem der zahlreichen natürlichen Kletterfelsen austoben.

KURZINFO

Anfahrt: Auf der Straße SS 45bis von Riva del Garda Richtung Trento. Der Kletterpark befindet sich hinter dem Ort Dro gut ausgeschildert auf der rechten Straßenseite. Der Eingang ist unterhalb des »Holzschnitzers«, der Parkplatz liegt gegenüber (Navi: 38074 Dro, Località Gaggiolo 2). Bushaltestelle der Linie 205 Riva – Trento ca. 500 m südlich des Kletterparks.
Ausrüstung: Sportschuhe, für die Kletterfelsen am besten Kletterschuhe. Unbedingt Sonnenschutz (kein Schatten).
Altersgruppe: Ab 3 Jahren. Grüner Parcours ab einer Körpergröße von 80 cm, blauer Parcours ab 1,10 m.
Besuchszeit: ½ Tag.
Öffnungszeiten: Von Juni bis Mitte September täglich 10–18.30 Uhr (letzter Einlass um 18 Uhr). Im April, Mai und Oktober an Wochenenden, Feiertagen und in den Osterferien geöffnet.
Kosten: Grüner Parcours 10 €, blauer Parcours 15 €, roter Parcours 19 €, roter Parcours inklusive Flying Fox 24 €. Wer den Flying Fox extra absolvieren möchte, zahlt dafür 10 €. Parken gratis.
Einkehr: Im Kletterpark gibt es Getränke und kleine Snacks, sonst mehrere Lokale in Dro.
Informationen: Tel. +39 0464 504 784, eliasadventurepark.com.

Wer mit seinen Kindern auch einmal einen richtigen Klettersteig gehen möchte, ist im Kletterpark Elias genau richtig. Hier können Groß und Klein Kletterpassagen ausprobieren, wie man sie auch auf Klettersteigen im Gebirge vorfindet – Quergänge entlang von Felswänden, die mit Eisenklammern versehen sind, und zum Teil auch Passagen, bei denen wirklich auf natürlichem Fels geklettert wird. Dazwischen hat man hohe künstliche Masten mit Plattformen errichtet. Der Kletterpark ist weit weniger überlaufen als andere Parks

Der »Flying Fox« ist der krönende Abschluss des Parkbesuchs.

Die Seilbrücken sind nur für Schwindelfreie.

und wird von einem kleinen Team mit viel Enthusiasmus geführt. Ein weiterer Vorteil ist der, dass man zur Sicherung an einem durchgehenden Seil hängt und somit nichts falsch machen kann. Eine gründliche Einschulung erhält man natürlich, wie in allen Kletterparks, trotzdem.

Es gibt insgesamt vier Kletterparcours, wobei der einfachste speziell für kleine Kinder von 3 bis 5 Jahren gedacht ist. Schon etwas mehr Herausforderungen bietet der blaue Parcours (ab 1,10 m Körpergröße). Er beinhaltet sehr unterschiedliche Herausforderungen – von Kletterstellen auf natürlichem Fels bis zu wackligen Seilbrücken in luftiger Höhe. Da er nicht sonderlich lang ist, darf man ihn ohne Aufpreis bis zu dreimal klettern.

Die größte Herausforderung ist der rote Parcours (ab 1,40 m Körpergröße), der auch aus den meisten Stationen besteht. Hier klettert man die meiste Zeit hoch oben über dem Boden auf bis zu acht Meter Höhe – also nichts für Leute mit Höhenangst! Der Parcours ist auch wesentlich länger als die anderen und beinhaltet eine Abfolge von Seilrutschen und anspruchsvollen Hindernissen. Als Krönung des Ganzen gibt es dann einen mehr als 200 m langen »Flying Fox«, der quer über das Gelände zum Ufer der Sarca führt.

Wer im Kletterpark auf den Geschmack gekommen ist und im Anschluss noch ein wenig auf Kletterfelsen herumkraxeln möchte, der findet westlich des Parks ein reiches Betätigungsfeld zum Bouldern, d. h. in Absprunghöhe auf Felsen zu klettern. Man geht auf einem Fußweg parallel zur Straße nordwärts, bis nach links ein Fahrweg abzweigt, dem man folgt. Immer weiter links haltend kommt man zu einem Blockfeld, wo riesige Felsbrocken durch den Gletscher abgelagert wurden. Es gibt mehrere Felsen mit ausgewiesenen Kletterrouten – an die man sich aber nur wagen sollte, wenn man entsprechende Erfahrung und auch Ausrüstung (Seil, Klettergurt, Helm) hat –, aber auch genügend Gelegenheit, waagrecht knapp über dem Boden herumzuklettern.

10 Sentiero degli Scaloni

Klettersteigabenteuer im unteren Sarca-Tal

ab 8 J.

Am Sentiero dell'Angiom.

Dieser Weg ist Abenteuer pur – mit Erholungspausen dazwischen. Nach einem gemütlichen Anmarsch entlang des Sarca-Flusses nähern wir uns einer Felswand, die so steil und unbezwingbar wirkt, dass man sich nicht vorstellen kann, es könne einen Weg dort hinauf geben. Tatsächlich konnte dieser nur unter größtem Aufwand, zum Teil mit Hilfe von Hängebrücken, angelegt werden. Nach dem Aufstieg über den bestens gesicherten Klettersteig erholen wir uns auf einem Höhenweg mit tollen Aussichtspunkten und interessanten Infotafeln, bevor wir uns auf einem weiteren, etwas weniger steilen Klettersteig, dem Sentiero dell'Angiom, wieder an den Abstieg machen. Wie alle Klettersteige sollte man auch diese beiden Steige nur dann mit Kindern begehen, wenn man selbst die dafür nötige Erfahrung hat.

Die Sicherheitshinweise sind immer zu beachten.

Hallo Kinder,

dieser abenteuerliche Aufstiegsweg, der »Sentiero degli Scaloni«, ist schon über hundert Jahre alt und wurde im Jahr 1909 unter der österreichischen Herrschaft über das Trentino angelegt. Der Abstiegsweg, der »Sentiero dell'Angiom«, ist sogar noch älter, er wurde von einem einheimischen Steinmetz gebaut und diente ursprünglich als Aufstiegsweg für die Waldarbeiter, die in den höher gelegenen Bergregionen Holz schlägerten. Um die Stämme über die senkrechten Felswände ins Tal zu schaffen, wurden hier mehrere einfache Materialseilbahnen errichtet, deren Überreste man noch sehen kann. Unterwegs gibt es mehrere Infotafeln, auf denen ihr mehr über das Leben der Waldarbeiter in vergangenen Zeiten erfahrt, und auch einige der Werkzeuge, mit denen sie ihrer Tätigkeit nachgegangen sind, werdet ihr sehen.

KURZINFO

Ausgangspunkt: Parkplatz am südlichen Ortsende von Ceniga (Navi: 38074 Ceniga, Via Arco 321).

Anfahrt: Auf der Straße SS 45bis Riva del Garda – Trento bis nach Ceniga. Öffentlich mit den Bussen der Linien 204 oder 205 erreichbar; Bushaltestelle etwa 50 m nördlich des Parkplatzes.

Anforderungen: Aufstieg über einen einfachen Klettersteig (Schwierigkeit A/B), der gut mit Metallleitern und -stegen sowie Hängebrücken ausgebaut und mit durchgehenden Sicherungsseilen versehen ist. Die Tour ist auch mit wenig Klettersteigerfahrung leicht zu bewältigen, solange die grundlegenden Sicherheitsregeln befolgt werden. Der Abstieg ist technisch leichter und kürzer, aber dennoch durchgehend mit Sicherungsseilen versehen. Beim Zustieg und beim Verbindungsweg zwischen den beiden Steigen handelt es sich um Wanderwege mit geringen Steigungen in einfachem Gehgelände. Auch wenn man hier vielen Wanderern begegnen wird, die ohne Sicherung unterwegs sind, sollte man mit Kindern keinesfalls auf Klettersteigset, Klettergurt und Helm verzichten!

Ausrüstung: Feste Wanderschuhe, Klettersteigset und Helm unbedingt erforderlich. Sonnen- und Regenschutz, ausreichend Trinkwasser und Proviant.

Altersgruppe: Ab 8 Jahren.

Gehzeit: 3.45 Std.

Weglänge: 8,2 km.

Höhenunterschied: Rund 500 m.

Einkehr: Direkt am Weg keine. Wer gegen Ende der Tour einen Abstecher in den Ort Dro macht (ca. 300 m ab der Brücke über die Sarca) findet dort mehrere Lokale, u. a. eine Bäckerei, ein Café und eine Pizzeria.

Bademöglichkeit: Direkt unterhalb der alten Brücke gibt es einen bei den Einheimischen sehr beliebten Wildbadeplatz an der Sarca.

Tipp: Diese Tour an heißen Tagen nicht am Vormittag unternehmen, da der Aufstiegsweg dann in der prallen Sonne liegt. Die beste Zeit für diese Tour ist der frühe Nachmittag.

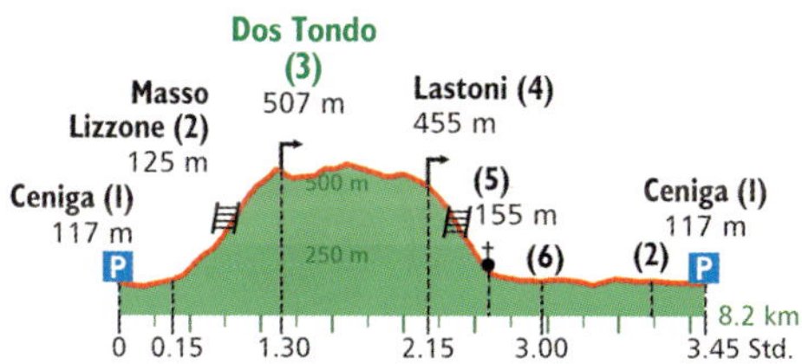

Kaum vorstellbar: Durch diese Felswand führt der Weg nach oben.

Gegenüber dem Parkplatz am südlichen Ortsende von **Ceniga (1)** führt eine schmale Asphaltstraße, die Via al Ponte, zwischen den Häusern in Richtung der mit einem Wegweiser ausgeschilderten Ponte Romana. Wir gehen durch enge verwinkelte Gassen und kommen zur uralten Steinbrücke über die Sarca, die wir überqueren. Zu beiden Seiten der Brücke befinden sich beliebte Plätze, an denen man im Fluss baden kann. Weiter der Straße folgend gehen wir nun entlang des Ufers flussaufwärts bis zu einer Weggabelung beim Agrotourismusbetrieb **Masso Lizzone (2)**.

Wir folgen links bergauf einem grünen Wegweiser mit der Aufschrift »Percorso alle cavre«. Direkt vor uns ragt steil und scheinbar unbezwingbar eine Felswand auf, durch die der alte Kriegsweg nach oben führt, den wir nehmen werden. Nach etwa 150 m verlassen wir den asphaltierten Weg am Ende einer Steinmauer und folgen den Wanderwegweisern durch lichten Wald bergauf in Richtung der Felswand. Nach kaum zehn Minuten ab der Straße kommen wir zum Beginn des Klettersteiges, der insgesamt einen Höhenunterschied von rund 200 m überwindet.

Auf der gesamten Länge gibt es durchgehend Sicherungsseile, an mehreren Stellen des über weite Strecken ausgesetzten Weges Metallleitern und -stege, und – besonders spektakulär – an die Felswand angebaute, frei schwebende Hängebrücken aus Holzstämmen, die beim Überwinden von Steilstufen helfen.

Nach einer Stunde Aufstieg über den Klettersteig erreicht man das obere Ende der Felswand. Hier kann man das Klettersteigset wieder ablegen und geht dann leicht bergauf wieder durch schattigen Wald zu einem schönen Aussichtspunkt, an dem sich die Überreste einer primitiven Materialseilbahn befinden, über die man früher Holzstämme ins Tal transportiert hat.

Nach zehn Minuten ab hier kommt man zur Abzweigung **Dos Tondo (3)**, dem höchsten Punkt unserer Wanderung. Hier nimmt man den nach rechts führenden Wanderweg 428b Richtung Lastoni, ebenfalls weiterhin mit den bekannten grünen Schildern als »Percorso alle cavre« Richtung Dro ausgeschildert.

Dieser Verbindungsweg führt weitgehend flach zunächst unterhalb überhängender Felswände entlang. Es gibt aber auch einige kürzere steilere Passagen. Wir kommen zu einem Rastplatz mit Infotafeln in der Nähe mehrerer kleiner Höhlen und dann weiter zur Unterstandshütte Crozolam, bei der es mehrere

Rastbänke sowie weitere Infotafeln gibt. Man passiert auch weitere ehemalige Materialseilbahnen – heute befinden sich an deren oberem Ende jeweils ausgezeichnete Aussichtspunkte. Der Weg führt nun bereits recht steil bergab und kann schon als Teil des Abstiegs betrachtet werden. Man erreicht die Abzweigung **Lastoni (4)**, an der man auf den von San Giovanni al Monte herabführenden Weg 425 trifft. Auf diesem gehen wir nun, der Beschilderung Richtung Dro folgend, bergab. Zunächst geht es noch durch den Wald, aber schon nach wenigen Minuten kommen wir in steiles, felsiges Gelände.

Dieser Steig, der **Sentiero dell' Angiom**, ist wieder mit Drahtseilen gesichert und man sollte unter keinen Umständen auf das Klettersteigset verzichten. Auf einem Großteil der Strecke führt er über in den Fels gehauene oder aufgemauerte Stufen, es gibt aber keine Leitern und keine Kletterstellen, an denen man die Hände zu Hilfe nehmen müsste.

Am unteren Ende des Steiges gelangt man wieder in den Wald und in diesem nach wenigen Metern zu einer Rastbank bei einer kleinen **Kapelle (5)**. Hier ist ein guter Platz, um das Klettersteigset abzulegen und wieder im Rucksack zu verstauen. Man nimmt den Weg nach rechts

Richtung Dro und trifft auf eine Asphaltstraße, auf der man nach rechts geht. Sie wendet sich nach wenigen Minuten nach links und führt über eine Brücke. Wer einen Abstecher in den Ort Dro machen möchte, kann dies der Straße folgend tun. Um nach Ceniga zurückzukehren, gehen wir aber vor der Brücke bei einer **Orientierungstafel (6)** und einem Wanderwegweiser auf ein eingezäuntes Areal zu. Vor dessen Tor gehen wir rechts leicht bergauf, dann links, um das Gelände zu umgehen. Danach geht es immer weiter auf einem breiten Schotterweg, der parallel zum Fluss Sarca verläuft und auch als Radwanderweg dient. Wir erreichen so den Agrotourismusbetrieb **Masso Lizzone (2)** und gehen von hier aus auf dem bekannten Weg über die Römerbrücke zurück in den Ort **Ceniga (1)**.

Schöner Naturbadeplatz an der Sarca bei der Ponte Romana.

11 Stollen, Ruinen und Gletschermühlen

Zum Castel Penede und zu den »Töpfen der Riesen« ab 6 J.

Auf dieser nicht sonderlich langen Wanderung gibt es eine ganze Menge zu sehen und zu erleben. Eindrucksvoll sind die bis zu 80 Meter hohen senkrechten Felswände, die uns beim Aufstieg durch das kleine Tal Santa Lucia begleiten. Dann »erobern« wir die Ruine des aus dem 12. Jahrhundert stammenden Castel Penede und genießen den fantastischen Ausblick auf den Gardasee, und am Rückweg nach Torbole kommen wir an den eindrucksvollen »Marmitte dei Giganti« vorbei, Aushöhlungen im Felsen, die im Lauf von Jahrtausenden durch Schmelzwasser der Gletscher entstanden sind. Und für Abenteuerlustige gibt es unterwegs noch zwei alte Stollensysteme zu erforschen!

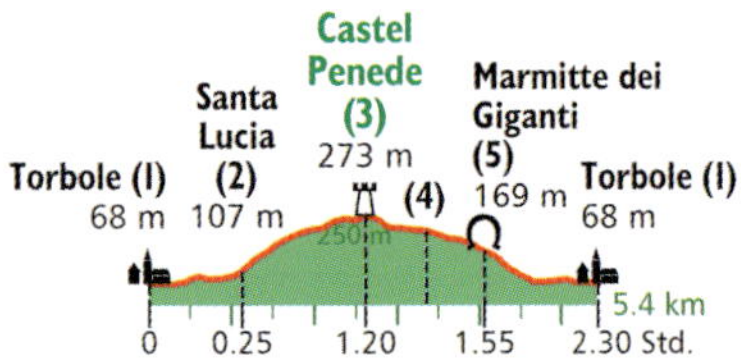

KURZINFO

Ausgangspunkt: Parkplatz im Ortszentrum von Torbole (Navi: 38069 Nago-Torbole, Via Strada Granda 7).

Anfahrt: Auf der Gardasee-Ostuferstraße SR 249 nach Torbole. Busverbindung direkt nach Torbole, auch Anfahrt mit dem Schiff (von der Schiffstation 5 Min. ins Zentrum) möglich.

Anforderungen: Leichte Wanderung auf gut ausgebauten, an einzelnen Stellen mit Geländern gesicherten und teilweise mit Stufen ausgebauten Wegen.

Ausrüstung: Leichte Wanderschuhe, Proviant und Trinkwasser, Sonnen- und Regenschutz. Taschenlampe oder Stirnlampe zum Erforschen der Höhlen mitnehmen!

Altersgruppe: Ab 6 Jahren.

Gehzeit: 2.30 Std.

Weglänge: 5,4 km.

Höhenunterschied: 230 m.

Einkehr: Zahlreiche Lokale in Torbole und Nago, Ausflugsgasthaus an der Straße Nago – Torbole oberhalb der Marmitte dei Giganti.

Bademöglichkeit: Nach der Tour kann man sich am Strand von Torbole im See abkühlen.

Im »Topf der Riesen« kommt man sich winzig vor.

Die Mauern des Castel Penede sind weithin sichtbar.

Vom **Parkplatz (1)** an der Strada Granda in **Torbole** geht man in südlicher Richtung zurück zur Hauptstraße und folgt dieser nach links, an einem Kinderspielplatz vorbei zum Kreisverkehr, an dem die Straße Richtung Nago von der Küstenstraße abzweigt. Hier geht man auf der Straße Richtung Verona weiter ins Ortszentrum von Torbole und nimmt nach etwa 100 m eine Gasse nach links, einem Wegweiser Richtung Belvedere folgend. Nach weiteren 100 m gehen wir rechts über Stufen hinauf; in diese Richtung weist auch ein blauer Wegweiser nach Nago. Wo man wieder auf eine Straße, die Via Europa, trifft, gibt es eine Infotafel über den Aussichtspunkt Castel oder Belvedere, zu dem man rechts über einige weitere Stufen hinaufsteigen kann. Der Via Europa nach rechts bergab folgend kommen wir zum ausgeschilderten »öffentlichen Olivenhain«, in den wir auf einem Spazierweg hineingehen. An mehreren Rastbänken vorbei gelangen wir zum anderen Ende des

Hallo Kinder,

die Idee, ganze Schiffe auf dem Trockenen über einen Berg von einem Gewässer zum anderen zu bringen, gibt es nicht nur bei »Wickie und die starken Männer«. Im Lauf der Geschichte haben sich solche Transporte tatsächlich ereignet, und an einen davon erinnert eine Gedenktafel im Tal Santa Lucia zwischen Torbole und Nago. Als die Venezianer im 15. Jahrhundert im Krieg mit den Mailändern lagen, kontrollierte Venedig zwar das Ostufer und das Gebiet um die Sarcamündung mit der Stadt Torbole, besaß aber keine eigene Kriegsflotte auf dem See. Die Schiffe von Süden her über den Mincio in den See zu schaffen, war unmöglich, weil Mailand das Gebiet unter Kontrolle hatte. So entstand der Plan, eine Anzahl von Galeeren und kleineren Booten über die Passhöhe zwischen dem Etschtal und dem Gardasee zwischen Mori und Torbole zu schaffen.
Wie viele Schiffe tatsächlich transportiert wurden, ist nicht überliefert, verschiedene Quellen sprechen von zwei großen und drei kleinen Galeeren, möglicherweise aber auch bis zu sechs Galeeren, und über zwanzig kleineren Booten. Während man die kleinen Boote direkt auf Wagen verladen konnte, wurden die großen Schiffe auf Rundhölzern gezogen. 2000 Zugtiere und mehrere Hundert Mann wurden dafür eingesetzt. Zuvor musste aber erst der Weg geebnet werden. Bäume und Sträucher wurden gerodet, und im Ort Nago mussten sogar einige Häuserecken eingerissen werden. Beim Hochziehen auf den Pass wurden auch Seilwinden eingesetzt, beim Herunterlassen durch das Tal Santa Lucia bei Nago wurde mit Seilen gebremst. Insgesamt dauerte der Transport 18 Tage.
Die so mühsam über die Berge gezogene Flotte wurde übrigens nur ein halbes Jahr danach in einer Seeschlacht bei Maderno fast vollständig vernichtet. Danach verzichteten die Venezianer auf einen neuerlichen Transport ganzer Schiffe und ließen stattdessen vorgefertigte Teile mit Hilfe von 600 Zugtieren nach Torbole schaffen und dort zusammenbauen. So ging's ja auch.

Hains, wo wir ihn nach rechts verlassen und auf eine gepflasterte Straße treffen, auf der wir links gehen. Die Straße geht in einen Schotterweg über und führt uns nun in ein Tal hinein, dessen linke Seite von hohen, überhängenden Felswänden gebildet wird. Wir kommen an einer Infotafel über das kleine Tal **Santa Lucia (2)** und an einem Bildstock vorbei.
Links neben diesem befindet sich ein niedriger Eingang zu einem künstlichen Höhlensystem. Der erste Eindruck täuscht, denn im Inneren sind die Gänge so hoch, dass sogar ein Erwachsener darin aufrecht stehen kann. Man kann dem verwinkelten Tunnel – eine Taschenlampe vorausgesetzt – etwa 50 m weit folgen und kommt dann bei einem zweiten Ausgang ein Stück oberhalb des Bildstockes wieder ans Tageslicht. Für Kinder ist die Höhle nicht nur ein spannender Ort zum Erforschen, sondern auch toll, um darin Verstecken oder – wegen der zwei Ausgänge – Fangen zu spielen.
Auf dem nun wieder gepflasterten Weg gehen wir in zwei Serpentinen durch Olivenhaine bergauf und kommen zu einem Rastplatz, ab dem der Weg wieder flacher wird. Hier befindet sich auch eine Infotafel, die die historische Episode rund um den Transport venezianischer Schiffe durch dieses Tal beleuchtet.
Wir kommen zu den ersten Häusern von **Nago**, die vorerst nur die rechte Seite des Weges säumen, während uns links noch Weingärten begleiten.
Wir treffen auf die Straße Via Monte Baldo; an der Kreuzung gibt es auch einen Orientierungsplan des Ortes. Wir gehen hier kurz nach links und nehmen nach wenigen Metern einen Weg, der beim Haus Nr. 8 unter einem Bogengang hindurchführt.

Was sich wohl hier drinnen verbergen mag?

Ein Wegweiser zeigt hier zum Castel. Wir wandern auf den Wald zu und in diesem dann teils über Stufen und mit Ketten zum Festhalten recht steil bergauf auf einen bewaldeten Bergrücken. Auf diesem treffen wir auf einen Querweg, auf dem ein roter Markierungspfeil nach rechts zeigt, während wir nach links gehen. Nach fünf Minuten kommen wir zu einem schattigen Rastplatz unterhalb der Burgmauern. Links von uns befindet sich ein zu dieser gehöriges Kellergewölbe. Wir gehen geradeaus weiter und treffen nach wenigen Metern auf einen breiten Schotterweg, auf dem wir links bergauf ins Innere der eindrucksvollen Burganlage **Castel Penede (3)** gelangen, für deren Besuch wir uns genug Zeit lassen sollten. Es gibt mehrere Infotafeln mit interessanten Fakten nicht nur zur Burg selbst, sondern auch zum Leben in der Vergangenheit. Darüber hinaus genießt man von der Burg aus auch einen wunderbaren Ausblick über den

Gardasee, hinunter auf Torbole, nach Riva, zum Monte Brione und hinauf ins Sarca-Tal nach Arco.
Nach dem Besuch der Burg folgen wir dem Schotterweg zurück und gehen an der Abzweigung, an der wir auf ihn getroffen sind, in einem Linksbogen weiter bergab. Wir kommen in der nächsten Rechtskehre an einem weiteren Rastplatz und in weiterer Folge an mehreren Picknick- und Liegewiesen sowie zwei Trinkwasserbrunnen vorbei. Der Weg wird eben und führt auf den Ort Nago zu. Wir treffen auf eine Asphaltstraße, auf der wir die ehemalige österreichische Festung, die **Forte Alto (4)**, passieren.
100 m weiter steigen wir links über Stufen hinunter zu einer großen Straßenkreuzung, an der sich rechts ein Tex-Mex-Restaurant befindet. Wir queren hier die Straße Via Europa, gehen gleich links über einen Parkplatz hinunter und kommen auf einen Fußweg, der bei einer Infotafel über das Mühlental beginnt. An den Überresten einer Wassermühle vorbei wandern wir auf einem Schotterweg leicht bergab durch Kulturland mit Steinmäuerchen, Terrassen und Olivenbäumen. Kurz geht es bergauf; nach rechts zweigt ein Verbindungsweg hinüber zur Hauptstraße Nago – Torbole ab. Wir bleiben auf dem nun wieder bergab führenden Weg, der eine Serpentine der neuen Straße abkürzt. Wo man wieder auf diese trifft, befindet sich links eine Einkehrmöglichkeit, ein Lokal mit schönem Gastgarten mit Liegestühlen, Tischen und Bänken.
Nun müssen wir für etwa 100 m auf der Hauptstraße abwärtsgehen und verlassen diese bei einem braunen Wegweiser zu den »Marmitte dei Giganti«. Auf einem steingepflasterten Weg steigen wir teils über Stufen bergab und erreichen das sehenswerte Naturphänomen. In der Steilwand haben Gletscher über

Beim Eingang zum Stollensystem aus dem Ersten Weltkrieg.

Blick durch das Tal Santa Lucia auf den See.

Jahrtausende riesige Höhlen geschaffen. Zu einer kleineren davon kann man über eine Eisenleiter hinaufsteigen. Bei der größten **Höhle (5)**, bei der der Weg endet, befindet sich auch wieder ein künstlich angelegtes Höhlensystem aus dem Ersten Weltkrieg, das man mit Taschenlampe ausgerüstet erforschen kann und in dem es auch zwei »Fenster« – ehemalige Geschützstellungen – gibt, durch die man ins Freie und hinunter auf den Gardasee schauen kann.

Nachdem der Weg zu den Marmitte dei Giganti eine Sackgasse ist, gehen wir etwa 100 m zurück zu einer Abzweigung, bei der wir dem ausgeschilderten Weg rechts bergab Richtung Torbole folgen. Dieser verläuft anfangs recht steil und steinig unterhalb der steilen Felswände entlang. Sobald man den Talgrund erreicht, geht es wieder flacher entlang eines Baches dahin, den man nach rechts überquert und dann zwischen Weingärten und Olivenhainen auf einem Schotterweg weitergeht. Dieser trifft auf eine Ortsstraße, die Strada Granda, auf der wir jetzt in südlicher Richtung durch **Torbole** spazieren, bis wir wieder zu unserem **Parkplatz (1)** kommen.

Leiter zur oberen Gletschermühle.

12 Panoramaweg Bussate

Aussichtswanderung hoch über dem Gardasee ab 6 J.

Der Spazierweg, der von der kleinen Siedlung Tempesta entlang des steilen Ostufers hoch über dem See zurück nach Torbole führt, gehört zu den lohnendsten und zugleich auch spektakulärsten leichten Wanderungen, die man im Nordteil des Sees machen kann. Denn der Hang, an dem der Weg entlang verläuft, wird an drei Stellen von hohen Felswänden unterbrochen, die man über schier endlos lange Metalltreppen überwindet. Nirgendwo sonst ist der Ausblick auf den Gardasee so atemberaubend wie an diesen Stellen. Als Abschluss der Tour lockt ein Besuch im Abenteuerpark Bussate, wo es einen tollen und recht preisgünstigen Kletterpark gibt.

KURZINFO

Ausgangspunkt: Bushaltestelle in Tempesta, etwa 6 km südlich von Torbole (Navi: 38069 Nago-Torbole, Località Tempesta); Parkplätze im Ortszentrum von Torbole oder Parkplatz beim Abenteuerpark Bussate (Navi: 38069 Nago-Torbole, Via Marocche); siehe »Hinweis«.
Anfahrt: Auf der Gardesana Orientale SR 249 entweder bis zur Abzweigung der Forststraße in Tempesta (dort nur wenig Platz zum Parken), direkt ins Ortszentrum von Torbole (kostenpflichtige Parkplätze) oder am südlichen Ortsende von Torbole den Wegweisern bergauf Richtung Parco Avventura Bussate folgen; siehe auch »Hinweis«. Anreise per Bus und auch Anfahrt mit dem Schiff (Schiffsanlegestelle direkt am Weg) möglich.
Anforderungen: Unschwierige Wanderung auf großteils gut befestigten, teilweise mit Stufen ausgebauten Wegen.
Ausrüstung: Leichte Wanderschuhe, Sonnen- und Regenschutz, Proviant und ausreichend Trinkwasser.
Altersgruppe: Ab 6 Jahren.

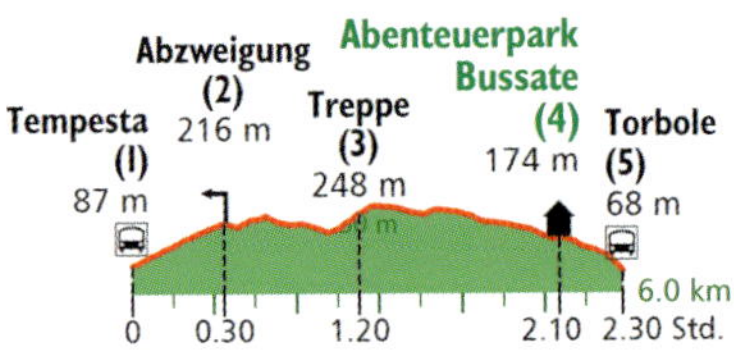

Gehzeit: 2.30 Std.
Weglänge: 6,0 km.
Höhenunterschied: Rund 250 m.
Einkehr: Restaurant im Abenteuerpark Bussate, mehrere Lokale im Ortszentrum von Torbole.
Bademöglichkeit: Im Anschluss an die Tour am Strand von Torbole.
Hinweis: Da es sich um eine Streckenwanderung handelt, muss man entweder zu Beginn oder am Ende der Tour den Bus benützen, der etwa einmal pro Stunde verkehrt (Linie 484 Riva del Garda – Garda). Dabei bieten sich grundsätzlich drei Varianten an:
a) Man parkt am Ausgangspunkt in Tempesta und beginnt direkt die Wanderung. Am Ende der Tour kann der Fahrer alleine hinunter nach Torbole gehen und mit dem Bus nach Tempesta fahren, um das Auto zu holen, während der Rest der Familie die Wartezeit im Abenteuerpark verbringt.
b) Man parkt – kostenpflichtig – im Ort Torbole und fährt von dort gemeinsam mit dem Bus nach Tempesta.
c) Wer die Parkgebühr sparen möchte, parkt beim Abenteuerpark Bussate, geht von dort etwa 15 Min. bergab zur Bushaltestelle in Torbole und fährt mit dem Bus nach Tempesta.
Die Varianten b und c haben den Vorteil, dass man am Ende der Tour nicht mehr auf den Bus angewiesen ist, dafür müssen bei Variante a nicht alle Familienmitglieder mit dem Bus fahren.

Infotafeln säumen den Weg.

Wie in der »Kurzinfo« unter »Hinweis« beschrieben, gibt es mehrere Möglichkeiten, diese Tour zu beginnen. Bei der Beschreibung gehen wir davon aus, dass man entweder in Tempesta parkt oder von Torbole mit dem Bus hierher fährt (von der Bushaltestelle geht man noch etwa 250 m weiter auf der Gardesana Orientale nach Süden, bis man zur Abzweigung einer Schotterstraße kommt, die nach wenigen Metern mit einer Schranke gesperrt ist). Wer beim Abenteuerpark Bussate parkt, liest für den Weg von dort zur Bushaltestelle in Torbole die letzten Absätze der Tourenbeschreibung zuerst.

An der Abzweigung in **Tempesta (1)** steht auch schon ein Wegweiser zum »Sentiero Panoramico Tempesta – Bussate«. Wir gehen noch wenige Meter auf Asphalt, dann auf einer Schotterstraße in vier Serpentinen

Insgesamt drei Metalltreppen sind zu überwinden.

bergauf. Nach etwa einer halben Stunde kommen wir zu einer **Abzweigung (2)**, bei der wir links leicht bergab einem Holzwegweiser folgen. Immer noch auf Schotter wandern wir bergab und kommen, an einer Höhle mit zwei Eingängen vorbei, in eine kleine Senke, in der es unterhalb einer Felswand einen Brunnen (allerdings kein Trinkwasser) gibt. Danach geht es wieder leicht bergauf. Der gesamte Panoramaweg ist durchgehend fein geschottert und bequem zu gehen. Fast eben wandern wir durch lichten Wald, bis wir schließlich die erste Metalltreppe mit 35 Stufen erreichen, über die wir hinaufsteigen und so eine Felsstufe überwinden.
Weiter immer am Hang entlang gehen wir durch den Wald. Nach etwa 20 Minuten kommen wir dann zu einer weiteren, ungleich längeren **Treppe (3)** mit insgesamt 253 Stufen – der längsten auf unserer Wanderung, von der aus wir einen fantastischen Ausblick über den See genießen.
Kurze Zeit später erreichen wir die dritten Treppe mit 123 Stufen, hinter der es dann fast nur mehr bergab geht. Auch weiterhin genießen wir wunderbare Ausblicke.
Wir kommen zu zwei Abzweigungen, bei denen wir uns jeweils auf dem linken, unteren Weg halten, und gelangen schließlich zum **Abenteuerpark Bussate (4)**. Zwischen der BMX-Strecke zu unserer Linken und dem Hochseilgarten rechts von uns gehen wir hindurch und nehmen einen breiten Weg, der entlang einer Spielwiese verläuft. So gelangen wir zu einem Restaurant rechts von uns und einem großer Spielplatz auf der linken Seite, sowie geradeaus weiter zum Parkplatz des Abenteuerparks.
Wir gehen über diesen und folgen der Straße bergab, ausgeschildert Richtung Torbole. An der Via delle Bussate halten wir uns rechts abwärts, nehmen in der nächsten Linkskurve einen Fußweg geradeaus und können so teils über einen Fußweg, teils über Stufen eine Serpentine abkürzen. Die Straße wird gekreuzt, dann geht es gegenüber weiter über Stufen bergab, bis man schon auf Seehöhe auf die Via Pescicoltura trifft. Auf dieser hält man sich links und erreicht nach wenigen Metern die Gardesana nahe dem südlichen Ortsende von **Torbole (5)**. Gegenüber befindet sich ein Parkplatz entlang des Ufers, und links von uns die Schiffsstation sowie eine Bushaltestelle.

Abenteuerpark Bussate

Auch wenn sich ein Besuch im Hochseilgarten von Bussate im Anschluss an diese Tour anbietet, kann man diesen natürlich auch unabhängig davon besuchen. Dieser Kletterpark bietet gegenüber den Mitbewerbern einen großen Vorteil für flinke Kletterer: Die – noch dazu recht günstigen – Preise gelten nicht pro Route, sondern für bis zu zwei Stunden, in denen nach einer kurzen Einschulung nach Belieben entweder mehrere Routen ausprobiert werden können oder in denen man auch die gleichen Routen mehrmals klettern kann. Es gibt fünf verschiedene Routen: Grün für die Kleinsten in nur zwei Meter Höhe über dem Boden (hier können Erwachsene auch vom Boden aus noch assistieren), Dunkelgrün für die etwas Erfahreneren, Rot in bis zu fünf Meter und blau in bis zu acht Meter Höhe. Die schwarze Route ist Erwachsenen oder Jugendlichen vorbehalten.

Ausrüstung: Turnschuhe und bequeme Kleidung.

Kosten: 22 € pro Person; Kinder von 3 bis 5 Jahre zusammen mit einem Erwachsenen 25 €. Bei mehreren größeren Kindern kommt der Familientarif von 20 € pro Person zur Anwendung. Der Verleih der Ausrüstung ist in den Preisen inbegriffen.

Öffnungszeiten: Von März bis Mai sowie von Mitte September bis Anfang November an Samstagen und Sonntagen, von Anfang Juni bis Mitte September täglich geöffnet.

Vor- und Nachsaison 11–18 Uhr, von Mitte Juni bis Anfang September 10–19 Uhr geöffnet.

Anfahrt: Der Abenteuerpark Bussate ist direkt vom Ortszentrum von Torbole ausgeschildert; man folgt südlich des Zentrums einfach den Wegweisern Richtung »Parco Avventura Bussate« (Navi: 38069 Nago-Torbole, Via Marocche).

Info: Parco Avventura Bussate,
Tel. +39 347 2880570,
www.busatteadventure.it

Der Westen und Südwesten

Hoch über dem See: Aufstieg auf die Cima Comer bei Gargnano (Tour 18).

Das Ufer im Westen, zwischen den Orten Riva del Garda und Gargnano, gehört zu den spektakulärsten Landschaften, die der Gardasee zu bieten hat. Über mehrere Hundert Meter fallen die Felswände senkrecht zum See ab, und die wenigen Ortschaften drängen sich an den steilen Berghängen oder unterhalb der Felsen auf kleinen Schwemmkegeln. Dafür ist das Klima hier so mild – die Steilwände schirmen die Orte sehr gut vom kalten Nordwind ab – dass hier sogar Zitrusfrüchte angebaut wurden, wie der Ortsname Limone vermuten lässt – auch wenn angenommen wird, dass der Name ursprünglich vom lateinischen Wort für Grenze, Limes, abgeleitet ist.

Fährt man auf abenteuerlichen Straßen ins Landesinnere, kommt man zu Bergdörfern wie Tremosine, die sich zwar in der Luftlinie nur wenige Kilometer vom Seeufer entfernt befinden, aber mehrere Hundert Meter höher liegen. Landschaft, Klima und Vegetation sind hier komplett anders, und selbst an brütend heißen Sommertagen kann man dort oben wunderbare Wanderungen unternehmen. Auch das Valle di Ledro mit dem gleichnamigen wunderbaren Bergsee liegt mehrere Hundert Meter über den Ufern des Gardasees und eignet sich für die verschiedensten Aktivitäten wie Wandern, Baden und auch Radfahren (siehe Tour 14).

Je weiter man dann nach Süden kommt, desto flacher werden die Ufer. In Gargnano endet die Steilküste, und eine Ortschaft geht in die nächste über: der auf einem Schwemmkegel gelegene Doppelort Toscolano-Maderno, das mondäne Gardone Riviera und das in einer tief eingeschnittenen Bucht gelegene Saló. Ab hier ist die Küste stärker gegliedert, es gibt mehrere Buchten mit flachen Stränden und dazwischen immer wieder steil aufragende Felsen, wie die Rocca di Manerba (siehe Tour 22), die mit ihren Überresten einer alten Festung ein beliebtes Kurzwanderziel darstellt und von der aus man den schönsten Blick über den südlichen Teil des Sees hat. Allgemein sind die an diesem Teil des Sees gelegenen Orte San Felice del Benaco, Manerba, Moniga und Padenghe etwas abseits des Trubels, haben sich hübsche Altstädte bewahrt und sind

Der Lago di Ledro ist ein Paradies für Radfahrer (Tour 14).

auch im Sommer nicht so überlaufen wie etwa der Südosten des Sees. Umrundet man den See weiter gegen den Uhrzeigersinn, kommt man zunächst nach Desenzano – einem der beiden Orte mit Bahnanschluss und südlichster Abfahrtspunkt der Gardaseeschifffahrt – und weiter zu jenem Ort, der sich durch seine Lage gegenüber allen anderen Orten am See auszeichnet: dem auf einer vier Kilometer langen Halbinsel gelegenen Sirmione mit einer der schönsten und besterhaltenen Burgen, dem einzigartigen Wasserschloss Castello Scaligero (siehe Tour 23).

Der gesamte südwestliche Teil des Sees gehört ebenso wie das Hinterland zur italienischen Provinz Lombardei, und regionale Zentren sind das etwa 20 Kilometer entfernte Brescia sowie die sehenswerte, etwa 40 Kilometer entfernte Stadt Mantua. Zwischen dem See und dieser verläuft der Fluss Mincio (siehe Tour 26) mit seinen als Naturschutzgebiet ausgewiesenen Sumpfgebieten, in denen sich seit den 1920er-Jahren die aus Asien eingeführten Lotosblüten immer weiter ausbreiten und ein farbenprächtiges Bild ergeben. Und für Kinder ganz besonders interessant: Im südwestlichen Hinterland des Gardasees liegen auch zwei der größten Wasserparks (siehe Tour 25).

Die Rocca di Manerba bietet herrliche Ausblicke auf den Südteil des Gardasees (Tour 22).

Die Strände und Badeorte im Westen und Südwesten

Trotz der steilen Berge und der teils senkrechten Felswände gibt es auch im westlichen Teil des Gardasees zahlreiche wunderbare Strände. Da die Ortschaften an den Stellen liegen, an denen entweder die Berghänge flacher sind, oder an denen die einmündenden Flüsse flach ins Wasser abfallende Schwemmkegel gebildet haben, verfügt jede der Ortschaften über mindestens einen sehr schönen und auch für Kinder geeigneten Strand. Je weiter man im Norden ist, desto kälter, aber auch sauberer ist das Wasser, und wer eine Runde schnorcheln gehen möchte, sollte das hier machen.

Limone verfügt gleich über vier sehr schöne Strandbereiche, die alle frei zugänglich sind und, wie fast überall am See, aus Kies bestehen.

Etwas ruhiger als im lebhaften Ort Limone geht es in Campione zu (siehe Tour 16). Der Ort, der nicht einmal von den Fährschiffen angefahren wird und auf dem Landweg nur durch einen Tunnel erreichbar ist, ist ein Paradies für Windsurfer, aber an den Stränden finden auch normale Badegäste genug Platz, zumal sie nie überlaufen sind. Es gibt auch mehrere Bars und Cafés in unmittelbarer Strandnähe.

In allen weiteren Orten entlang der Küste, Toscolano-Maderno, Gardone Riviera, Saló, Portese, Manerba, Moniga, Padenghe, Lonato und Desenzano, gibt es überall ausreichend frei zugängliche Strände. Wer Wert auf mehr Komfort legt, findet in Gardone den mondänen, gebührenpflichtigen Strand Rimbalzetto und in Lonato del Garda den Privatstrand Coco Beach.

Baden mit Blick auf atemberaubende Steilwände bei Campione (Tour 16).

13

Eine Seefahrt, die ist lustig

Mit dem Schiff kreuz und quer über den Gardasee — ab 4 J.

Was wäre ein Aufenthalt am Gardasee, ohne diesen auch einmal vom Wasser aus kennenzulernen? Natürlich gibt es dafür mehrere Möglichkeiten: Man kann selbst ein Boot mieten und damit herumfahren, aber die bequemste und angenehmste Art ist eine Fahrt mit den Linienschiffen, die alle wichtigen Orte rund um den See miteinander verbinden. Wenn man Glück hat, erwischt man dabei sogar einen der beiden noch immer in Betrieb stehenden, über hundert Jahre alten historischen Raddampfer!

Mit den Schnellbooten ist man am See flott unterwegs.

KURZINFO

Ausgangspunkt: Schiffsstationen in allen wichtigen Orten rund um den See.
Ausrüstung: Leichtes Schuhwerk, Sonnen- und Regenschutz.
Altersgruppe: Ab 4 Jahren.
Besuchszeit: ½–1 Tag.
Kosten: Einzeltickets sind teuer; schon ab 2–3 Fahrten sind die Tagestickets, die es entweder für den gesamten See (ca. 35 € Erwachsene/18 € Kinder), den oberen oder unteren See (ca. 24 € Erwachsene/13 € Kinder) bzw. einzelne Gebiete (Nord/Mitte/West/Ost; ca. 21 € Erwachsene/11 € Kinder) gibt, preisgünstiger. Zudem gibt es Familienangebote, bei denen beim Kauf von zwei Tageskarten für Erwachsene bis zu zwei Kinder bis 12 Jahre gratis mitfahren.
Einkehr: Lokale in allen Orten rund um den See, meist in Nähe der Schiffsanleger.
Informationen: Schifffahrtsgesellschaft Navigarda, Tel. +39 030 9149511, navigazionelaghi.it

Gibt es eine schönere Art, den Gardasee kennenzulernen, als von Bord eines Schiffes aus? Ein Tagesausflug mit dem Schiff – egal, ob man nun einen bestimmten Ort besichtigen oder einfach nur spazieren fahren möchte – bietet eine Menge Vorteile. Vor allem in der Hauptsaison ist eine Fahrt mit dem Auto auf der Küstenstraße – sowohl auf der Gardesana Orientale SR 249 zwischen Peschiera und Torbole als auch auf der SS 45bis zwischen Desenzano und Riva – stets eine ziemlich nervenaufreibende Sache, denn Staus in den Ortsdurchfahrten gehören zur Tagesordnung. Am Schiff spart man sich all das; außerdem kann die Anreise zu einem Ort am gegenüberliegenden Ufer zu Wasser wesentlich zeitsparender sein, als mit dem Auto um den halben See zu fahren. Bei einigen der Programmpunkte (1, 11, 12, 21, 23, 30, 33) in diesem Buch bietet sich die Anreise per Schiff durchaus an – unter »Anfahrt« wird jeweils gesondert darauf hingewiesen.

An der Schiffsanlegestelle von Bardolino.

Das Faszinierendste an der Fahrt mit dem Schiff ist aber – vor allem im nördlichen Bereich des Sees – dass man so die steilen, senkrecht in den See abfallenden Felswände und die faszinierende Bergkulisse auf diese Weise aus einer Perspektive zu sehen bekommt, die man von Land aus nie genießen könnte. Besonders spektakulär ist die Fahrt zwischen den Orten Garda, Torbole, Limone und Malcesine, wobei man den See dabei zweimal überquert.

Prinzipiell ist es möglich, an einem Tag wirklich kreuz und quer über den gesamten See zu fahren, allerdings erfordert dies eine genaue Planung und ein Studium der Fahrpläne, die an allen Schiffstationen ausliegen. Es gibt jeweils einen relativ dichten Fahrplan am nördlichen Seeteil mit den Stationen Riva, Torbole, Limone und Malcesine sowie

Hallo Kinder,

die sicherlich interessanteste Art, den See per Schiff kennenzulernen, ist eine Fahrt mit einem der beiden Schaufelraddampfer – Fachleute sprechen von Seitenraddampfern, weil es zum Beispiel in den USA am Mississippi auch Raddampfer gab, bei denen ein großes Schaufelrad am Heck angebracht war. Die »MS G. Zanardelli« wurde vor über hundert Jahren, im Jahr 1903, von einer Schweizer Werft am Zürichsee gebaut. Sie ist knapp 50 Meter lang und sechseinhalb Meter breit und fasst 500 Passagiere! Ihr Schwesterschiff, die »MS Italia«, ist nur fünf Jahre jünger und wurde ebenfalls von der gleichen Werft in der Schweiz gebaut. Sie ist etwa gleich lang und breit wie die »Zanardelli« und fasst auch gleich viele Passagiere.

Im Übrigen sind die wenigsten Raddampfer auf der Welt heute noch echte Dampfschiffe. Die meisten wurden im Lauf der Zeit auf Dieselmotoren umgerüstet. Bei der »Italia« hat man sich für einen sogenannten dieselelektrischen Antrieb entschieden, bei dem ein Dieselmotor den Strom für Elektromotoren erzeugt, die dann die Schaufelräder antreiben. Wenn ihr Gelegenheit habt, euch diese Räder näher anzusehen, werdet ihr vielleicht bemerken, dass die Schaufeln nicht fest montiert sind, sondern durch einen komplizierten Mechanismus so gesteuert werden, dass sie immer senkrecht ins Wasser eintauchen. Es handelt sich um sogenannte »Patenträder«, die wesentlich wirkungsvoller sind, als wenn die Schaufeln wie bei einem Mühlrad fest stehen und dadurch schräg ins Wasser eintauchen würden.

Blick vom Schiff auf Gardone Riviera.

am südlichen Teil zwischen Desenzano bzw. Peschiera und Garda bzw. Gardone, aber nur wenige Schiffe pro Tag fahren vom Norden in den Süden. Manche Orte, z. B. Pai oder Castelletto, werden überhaupt nur einmal oder zweimal am Tag angefahren.

Wer ein Erlebnis der besonderen Art sucht, sollte sich unbedingt erkundigen, welche Kurse mit einem der beiden hier noch im Betrieb befindlichen Raddampfer geführt werden. Diese Schiffe bieten nämlich eine einzigartige Atmosphäre, sind sie doch schließlich schon seit über hundert Jahren im Einsatz!

Wer übrigens Fahrräder dabei hat und am Zielort seiner Fahrt ein wenig damit herumfahren möchte, kann diese auf einzelnen der Schiffe auch mit an Bord nehmen! Dabei gilt es aber, unbedingt den Fahrplan zu beachten, weil nicht alle Schiffe für Fahrradbeförderung ausgelegt sind oder nur eine begrenzte Kapazität haben.

Wer es eiliger hat – und bereit ist, einen Aufpreis in kauf zu nehmen –, der kann statt der normalen Fährschiffe auch eine der im Fahrplan rot gekennzeichneten Schnellfähren benützen. Dabei handelt es sich um Tragflächenboote, die mit bis zu 100 Stundenkilometern die wichtigsten Orte des Sees verbinden und für eine Fahrt von Riva nach Desenzano mit zahlreichen Zwischenstopps nur zweieinhalb Stunden brauchen, während die gemütlichen Ausflugsschiffe dafür etwa viereinhalb Stunden unterwegs sind. Auf den Schnellbooten ist keine Fahrradbeförderung möglich. Sie eignen sich auch eher, um schnell von einem Ort zum anderen zu kommen, als die Landschaft zu genießen, denn auf ihnen gibt es kein Freideck, von dem aus man die Aussicht genießen könnte.

14 Radpartie mit Badespaß

Mit dem Fahrrad rund um den Lago di Ledro ab 8 J.

Der Lago di Ledro ist ein wahres Ferienparadies. Der auf einer Höhe von rund 650 Meter gelegene kristallklare Bergsee sieht aus wie aus einem Bilderbuch. Wer sich nicht an den selbst im Hochsommer recht frischen Wassertemperaturen stört, findet hier rundherum zahllose, ausnahmslos frei zugängliche Strandbäder und Badebuchten. Eine Fahrradtour um diesen See herum lässt sich hervorragend mit kurzen Badestopps kombinieren, und auch einen Besuch des sehenswerten Pfahlbaumuseums sollte man sich auf keinen Fall entgehen lassen.

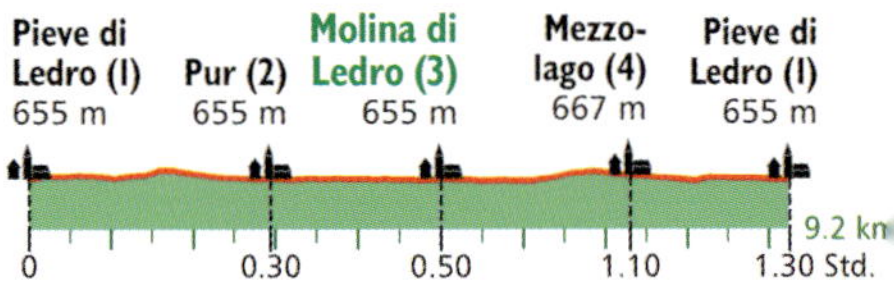

KURZINFO

Ausgangspunkt: Parkplatz in Pieve di Ledro an der Via Foletto (Navi: 38067 Pieve di Ledro, Via Foletto 2) oder Parkplatz in Molina di Ledro beim Pfahlbaumuseum (Navi: 38067 Molina di Ledro, Via Maffei 115).

Anfahrt: Auf der Straße SS 240 von Riva del Garda zum Lago di Ledro und dann entweder gleich in Molina am Ostende des Sees den Schildern zum Parkplatz folgen, oder bis Pieve di Ledro fahren und dort beim Kreisverkehr links in die Via Alzer einbiegen.
Mit dem Bus der Linie 214 ab Riva del Garda direkt bis Molina di Ledro oder Pieve di Ledro.

Anforderungen: Fahrradtour rund um den See mit kaum nennenswerten Steigungen. Die Entfernung von knapp unter 10 km rund um den See ist allerdings auch zu Fuß problemlos zu bewältigen. In Molina gibt es auf 200 m Länge keinen Radweg, hier muss man die Hauptstraße benützen. Wer mit kleinen Kindern unterwegs ist, sollte hier besser die Räder schieben!

Ausrüstung: Normale Straßenfahrräder, keine Mountainbikes nötig. Wer die Tour zu Fuß unternimmt: leichte Wanderschuhe oder Trekkingsandalen. Sonnen- und Regenschutz, Proviant, Trinkwasser.

Altersgruppe: Je nach Kondition ab 8 Jahren. Für Leute, die mit kleineren Kindern unterwegs sind, gibt es auch spezielle Kinderanhänger zu mieten.

Fahrzeit: 1.30 Std., zu Fuß ca. 3.15 Std.

Weglänge: 9,2 km.

Höhenunterschied: Unter 50 m.

Einkehr: Pizzeria Valmaria in Pur, Restaurant in Mezzolago, jeweils mehrere Einkehrmöglichkeiten in Molina und Pieve.

Das liebevoll gestaltete Innere einer Hütte im Pfahlbaumuseum.

Schön ausgebaute Radwege führen rund um den See.

Kosten: Sämtliche Parkplätze rund um den Lago di Ledro sind gebührenpflichtig und kosten 1 € pro Stunde für Pkw.
Hinweis: Einen Fahrradverleih gibt es sowohl in Molina di Ledro am Campingplatz Al Sole (geöffnet von April bis Oktober täglich 8.30–19 Uhr, Tel. +39 349 0038825, ledrobikerentals@gmail.com) oder in Pieve di Ledro am Campingplatz Al Lago (Tel. +39 046 4591250, campingallago.it/de). Citybike ab 10 €, Mountainbike ab 13 €, E-Bike ab 25 € pro Halbtag.
Informationen: Consorzio ProLoco Valle di Ledro, Tel. +39 046 4591222, vallediledro.com

Museumstipp

Das Museo delle Palafitte in Molina di Ledro ist auf jeden Fall einen Besuch wert. Als der Wasserspiegel des Ledrosees im Jahr 1929 für den Bau eines Wasserkraftwerks in Riva del Garda abgesenkt wurde, entdeckte man am dadurch trockengelegten flachen Ostufer des Sees die Überreste einer etwa 4000 Jahre alten Pfahlbausiedlung, die seither systematisch erforscht wurden. Zahlreiche Fundgegenstände aus der Bronzezeit kamen ans Tageslicht. Das Museum, das man hier errichtet hat, vermittelt einen sehr guten Eindruck davon, wie die Menschen damals lebten. Höhepunkt des Besuchs ist aber das Freigelände, in dem man drei hölzerne, schilfgedeckte Hütten mit unterschiedlicher Größe, Bauweise und Innenausstattung rekonstruiert hat.
Öffnungszeiten: Von März bis November täglich außer Montag 9–17 Uhr, im Juli und August 10–18 Uhr.
Kosten: Erwachsene 4,50 €, Kinder (6–12 Jahre) 3,50 €, Familien 9 €.
Info: Tel. +39 0464 508182, palafitteledro.it

Von der **Brücke (1)** über den in den See mündenden Torrente Massangla beim Parkplatz in **Pieve** fährt man auf einem Schotterweg am Ufer des Sees entlang eines langen Badestrandes in südlicher Richtung. Man quert auf einer Brücke einen weiteren in den See mündenden Bach und trifft dahinter auf eine Asphaltstraße, der man nach links über einen Parkplatz folgt. Neben diesem gibt es auch mehrere Rastbänke und einen Trinkwasserbrunnen.
Weiter geht es auf dem ausgeschilderten Radweg entlang des Ufers, der nun geschottert in leichtem

Strand am Südufer des Sees bei Pur.

Rekonstruierte Hütte im Pfahlbaumuseum.

Bergauf-Bergab durch den Wald verläuft. Man kommt wieder auf Asphalt und gelangt zur in der südlichen Ecke des Sees gelegenen Ortschaft **Pur (2)**, wo es wieder ein öffentliches Strandbad mit Trinkwasserbrunnen, Spielplatz und eine Pizzeria namens Valmaria gibt.

Danach geht es auf einer schmalen Asphaltstraße entlang eines steilen, felsigen Berghanges in den Ort **Molina (3)**, in dem man direkt beim Pfahlbaumuseum (siehe Museumstipp) vorbeikommt. Dahinter trifft man auf die Hauptstraße, neben der es leider auf 200 m Länge keinen Radweg gibt. Danach zweigt links ein Weg ab, der hinunter zum öffentlichen Strandbad und damit wieder ans Ufer des Lago di Ledro führt. Im Strandbad gibt es auch wieder einen Spielplatz und Trinkwasser; Radfahren ist hier nicht gestattet, also muss man auf jeden Fall für ein Stück schieben.

Hinter dem Strandbad fahren wir auf einem Weg aus Holzplanken entlang des sumpfigen Ufers, dann an mehreren Rastbänken und kleinen Badebuchten vorbei. Danach steigt der Weg an und bringt uns hinauf zur Straße, die man überquert. Auf der anderen Seite fahren wir kurz in die entgegengesetzte Richtung und biegen dann scharf links hinauf in die Via Belvedere ab, die ein Stück oberhalb am Berghang parallel zur Hauptstraße in den Ort **Mezzolago (4)** führt. Dieser wird wieder das Fahrrad schiebend auf einer sehr engen Gasse durchquert. An deren Ende trifft man auf die Hauptstraße, die man überquert.

Ab hier führt wieder ein schöner Radweg, fein geschottert und von mehreren Rastbänken gesäumt, am Seeufer entlang zurück nach **Pieve**. Hier durchquert man abermals ein Strandbad und gelangt zurück zum Parkplatz bei der **Brücke (1)**.

15 Wanderung zum Höllenschlund

Zur Römerbrücke und zum Wasserfall Gorg d'Abiss ab 6 J.

Im oberen Ledrotal, in der Nähe der Orte Tiarno di Sotto und Tiarno di Sopra befinden sich gleich mehrere lohnenswerte Ziele, von denen das spektakulärste wohl die Schlucht mit dem Wasserfall Gorg d'Abiss ist. Aber auch die aus dem 11. Jahrhundert stammende »Römerbrücke« Ponte di Croina, die wir auf unserer Wanderung zum Wasserfall überqueren, ist sehenswert. Einen Besuch vor oder nach der Tour lohnt auch das durch einen abwechslungsreichen Lehrpfad erschlossene Biotop rund um den weitgehend unberührten Bergsee Lago d'Ampola. Man erreicht ihn, wenn man von Tiarno di Sotto auf der Hauptstraße (SS 240) etwa vier Kilometer weiter in Richtung Lago d'Idro fährt.

Wasserfall bei der Ponte di Croina.

KURZINFO

Ausgangspunkt: Parkplatz (gratis) an der Via Všen in Tiarno di Sotto (Navi: 38067 Tiarno di Sotto, Via Všen).
Anfahrt: Auf der Straße SS 240 von Riva del Garda ins Valle di Ledro und am Lago di Ledro vorbei bis Tiarno di Sotto. Man fährt in den Ort hinein und zunächst auf der Via alla Sega und dann links auf der Via Všen bis zu einem Parkplatz am Ende der Straße.
Mit dem Bus der Linie 214 ab Riva del Garda bis zur Kirche von Tiarno di Sotto, von hier 15 Min. zusätzlich.
Anforderungen: Großteils leichte Wanderung über Schotterstraßen bzw. teilweise auf Asphalt. Der Zugang zum Wasserfall erfolgt auf einem teilweise etwas rutschigen, auf kurzen Abschnitten auch steilen Wanderweg.
Ausrüstung: Leichte Wanderschuhe, Proviant und Trinkwasser, Sonnen- und Regenschutz.
Altersgruppe: Ab 6 Jahren.
Gehzeit: 2.45 Std.
Weglänge: 6,3 km.
Höhenunterschied: 330 m.
Einkehr: Unterwegs keine; Pizzeria Marina in Tiarno di Sotto.

Vom Parkplatz an der Via Všen in **Tiarno di Sotto (1)** gehen wir auf der Straße ein kurzes Stück zurück bis zur Brücke über den Rio Massangla und folgen auf der anderen Seite den Wanderwegweisern zur Ponte Romana. Es handelt sich zunächst um eine Asphaltstraße, die aber immer schlechter wird und schließlich in Schotter übergeht. Sie verläuft immer im Tal; an der Abzweigung nach etwa einem Kilometer halten wir uns links. So gelangen wir nach einer Dreiviertelstunde zur sogenannten Römerbrücke (in Wirklichkeit aus dem 11. Jahrhundert stammend), der **Ponte di Croina (2)**.

Links: Im beeindruckenden Felsenkessel des Gorg d'Abiss.

Bei der Brücke biegt sich die Schotterstraße scharf nach links und führt auf der gegenüberliegenden Talseite nun in der entgegengesetzten Richtung bergauf. Die Straße wird steiler;

Der Weg zum Gorg d'Abiss führt direkt entlang des Wassers.

auf einem kurzen Abschnitt sogar so steil, dass man sie mit einer Betonfahrbahn versehen musste. Wir folgen einem Wanderwegweiser des Weges »CB« und halten uns bei der nächsten Gabelung links. Nach rechts zweigt ein Weg mit der Nummer 415 ab. Wir treffen etwa 1 km ab der Römerbrücke auf eine breitere **Asphaltstraße (3)**, der wir nach links bergab folgen. Die Straße verläuft nach einer Viertelstunde für ein Stück kühn angelegt entlang einer Felswand; an dieser Stelle hat man einen schönen Blick hinab auf den Ort Tiarno di Sotto. Eine weitere Viertelstunde später passieren wir die kleine Kapelle **San Giorgio (4)**, bei der wir der Hauptstraße folgend links bergab gehen.

500 m danach beschreibt die Straße eine scharfe Kehre nach rechts. Etwa 100 m nach der Serpentine zweigt ein Fußweg links von der Asphaltstraße ab, der mit einem Holzwegweiser zur Cascata Gorg d'Abiss gekennzeichnet ist. Auf diesem teilweise schmalen, bei Nässe auf einem kurzen Stück sehr rutschigen Fußpfad gelangt man hinunter ins Tal, wo man auf einen breiten Schotterweg trifft. Auf diesem wandern wir nun links bergauf und kommen an einem Bildstock mit Marienstatue vorbei. Hinter diesem wird das Tal enger, und wir setzen unseren Weg zuletzt auf einem direkt neben dem Wasser aufgemauerten Fußpfad fort. So gelangen wir zum eindrucksvollen und tief in den Fels eingeschnittenen Wasserfall **Gorg d'Abiss (5)**.

Nun gehen wir zunächst am gleichen Weg wieder zurück bis zu der Abzweigung, an der wir zuvor auf den Schotterweg gestoßen sind. Wir bleiben auf dem Schotterweg, dem Wegweiser Richtung »Chiesetta S. Giorgio« folgend, und kommen zunächst am Einlass eines Mühlbaches vorbei. Wenig später passieren wir die alte Mühle Mulino dei Bugatini, hinter der wir nach wenigen Metern wieder unseren Parkplatz in **Tiarno di Sotto (1)** erreichen.

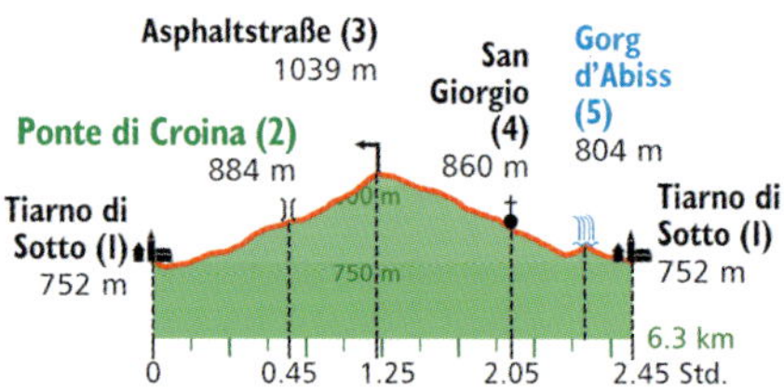

Biotop Lago d'Ampola

Wer vor oder nach der Wanderung noch Zeit übrig habt, sollte unbedingt noch einen Abstecher zum idyllischen Biotop Lago d'Ampola machen. Es liegt direkt an der Hauptstraße etwa vier Kilometer südlich von Tiarno di Sotto. Direkt beim Parkplatz neben der Straße beginnt ein gut ausgeschilderter Lehrpfad, der über einen Holzsteg durch das Sumpfgebiet ans Südufer des Sees und an diesem entlang zu einer Aussichtsplattform und zu einem Infozentrum über das Naturschutzgebiet führt. Es werden hier auch einmal pro Woche Führungen (auch in deutscher Sprache) angeboten, bei denen man nicht nur durch das Biotop spaziert, sondern auch einen Besuch bei einem Imker macht.

Weglänge: Ca. 1,5 km.

Gehzeit: 30 Min. reine Gehzeit, mit Führung und Besuch beim Imker und im Museum etwa 1.30 Std.

Öffnungszeiten: Besucherzentrum geöffnet Mai bis September Di–So 10–13 Uhr und 14–18 Uhr.

Info: Consorzio ProLoco Valle di Ledro, Tel. +39 046 4591222, vallediledro.com (Navi: 38067 Tiarno di Sopra, SS240 Nr. 17).

Besuch beim Imker am Lago d'Ampola.

Am Steilufer des Gardasees

16

Spektakulärer Abstieg von Pieve nach Campione

ab 8 J.

Rund um den Nordteil des Gardasees gibt es so viele traumhaft schöne alte Fußpfade, dass man sich schwer tut, die schönsten zu nennen. Dass die Wanderung von der hoch über dem See, direkt am Abgrund gelegenen Ortschaft Pieve bis hinunter ans Ufer des Gardasees zu diesen absoluten Höhepunkten gehört, steht aber außer Frage. Schon die Anreise nach Pieve ist ein eigenes Abenteuer, führt sie doch über eine der spektakulärsten Straßen durch die nur wenige Meter breite Brasa-Schlucht mit ihren senkrechten Felswänden. Hier wurde sogar einmal eine Verfolgungsjagd für einen James-Bond-Film gedreht.

KURZINFO

Ausgangspunkt: Bushaltestelle beim Kreisverkehr am Ortsbeginn von Pieve.
Endpunkt: Bushaltestelle beim Kreisverkehr am nördlichen Ortsende von Campione (Navi: 25010 Campione, Via Monsignor Giacomo Tavernini 527).
Anfahrt: Am besten parkt man am großen gebührenpflichtigen Parkplatz in Campione und geht von hier auf einem Fußweg ins Zentrum des Ortes. Von der Bushaltestelle beim Kreisverkehr am nördlichen Ortsende nimmt man dann den Linienbus LN012 nach Pieve. Man ist dadurch am Ende der Tour auf keinen Fahrplan mehr angewiesen. Achtung, die Abzweigung von der Gardesana SS 45bis nach Campione befindet sich mitten im Tunnel und man fährt leicht daran vorbei!
Anforderungen: Anfangs recht steiler, ausgesetzter, aber mit Geländern gesicherter Fußsteig; Schwindelfreiheit und Trittsicherheit nötig. Danach bequeme Wanderung auf der alten Straße entlang des Gardaseeufers.
Ausrüstung: Feste Wanderschuhe, eventuell Stöcke, ausreichend Trinkwasser, Sonnen- und Regenschutz.
Altersgruppe: Ab 8 Jahren.

Wie Schwalbennester thronen die Häuser von Pieve hoch über dem Gardasee.

Gehzeit: 1.30 Std.
Weglänge: 2,8 km.
Höhenunterschied: Rund 350 m im Abstieg.
Kosten: Parkgebühr in Campione 1 € pro Stunde.
Einkehr: Unterwegs keine Einkehrmöglichkeit und kein Trinkwasser; mehrere Lokale in Pieve und Campione.
Bademöglichkeit: In Campione gibt es mehrere schöne und nicht überlaufene Strände.

Abstieg durch eine grandiose Felskulisse.

Wer mit dem Bus nach **Pieve (1)** kommt, geht beim Kreisverkehr am Ortsbeginn die Straße hinauf ins Zentrum der entzückenden Ortschaft hinein, deren Häuser teilweise wie Schwalbennester an den Felsen zu kleben scheinen. Über die Via Giovanni Benvenuti kommen wir auf einen Platz mit Brunnen, von dem wir der Via Roma zu einem weiteren kleinen Platz, der Piazza Arturo Cozzaglio, folgen, auf der sich das **Hotel-Restaurant Miralago (2)** befindet. Rechts von diesem gibt es eine Aussichtsterrasse, die einen fantastischen Ausblick bietet. Bevor man sich nun an den Abstieg macht, lohnt es sich aber, noch etwas durch den malerischen Ort zu streifen und auch dem Platz mit der Kirche noch einen Besuch abzustatten.

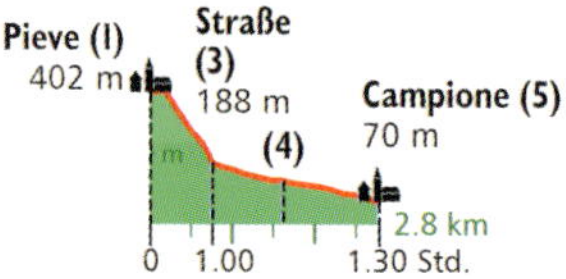

Der Abstiegsweg beginnt etwas versteckt direkt rechts von der Aussichtsterrasse und führt anfangs über Stufen bergab. Er ist mit der Nummer 201 markiert, und es gibt einen Wegweiser »Ex Porto«. Die Stufen enden nach wenigen Metern, und es beginnt ein steiler Fußsteig, der zwischen aufgemauerten Terrassen bergabführt. An allen ausgesetzten Stellen ist er mit Holzgeländern gesichert.

Nach etwa 15 Minuten kommen wir bei einer Marienstatue in einer kleinen natürlichen Grotte vorbei. Weiter geht es nun in einer schier endlosen Zahl von Serpentinen steil bergab. Tief unter uns sehen wir bereits die Straße, auf der wir mit dem Bus heraufgefahren sind. Trittsicherheit und Schwindelfreiheit sind trotz der sicherheitshalber montierten Geländer von Vorteil, geht es doch den gesamten ersten Teil des Weges durch extrem steiles, teilweise senkrechtes Gelände, und meist sieht man mehrere Hundert Meter in die Tiefe.

Nachdem wir an mehreren Stahlnetzen vorbeigekommen sind, die die darunter liegende Straße vor Steinschlag schützen sollen, treffen wir etwa auf halber Höhe der Felswand auf eine alte aufgelassene **Straße (3)**. Es ist ein Teil der Zufahrt zur Brasa-Schlucht, der stillgelegt und durch einen parallel dazu im Berg verlaufenden Hangtunnel ersetzt wurde. So kommen nur mehr Wanderer und Mountainbiker in den Genuss der spektakulären Ausblicke, die man hier genießen kann.

Der Wanderweg 201 Richtung Ex Porto führt gegenüber weiter steil bergab. Wir aber haben nun den schwierigen Teil des Abstiegs hinter uns und können für den Rest der Tour eine bequeme Panoramawanderung genießen: Wir folgen der alten Straße nach rechts bergab und kommen an einem Stollen vorbei, den man erforschen kann – er stellt eine Verbindung zum weit im Inneren des Berges verlaufenden Straßentunnel dar. Auch an einigen Kletterfelsen kommen wir vorbei, durchqueren einen kurzen alten Tunnel und treffen gleich darauf auf das untere Ende des neuen Straßentunnels.

Hier müssen wir für ein kurzes Stück der neuen ausgebauten Straße bergab folgen – es gibt einen schmalen Gehsteig an ihrer Seite – und kommen zu einer mit einer Steinschlaggalerie überbauten **Kehre (4)**. In dieser führt die alte Straße nach Campione geschottert geradeaus weiter, während die neue Asphaltstraße scharf nach links knickt. Wir gehen also geradeaus weiter, unser Weg ist rot-weiß markiert und bringt uns stetig leicht bergab. Der Ort Campione auf seiner markanten Halbinsel ist vor uns bereits deutlich sichtbar. Unter uns können wir die Gardesana erkennen, die ein Stück weiter in einem neuen Tunnel verschwindet, welcher den Ort komplett im Inneren des Berges umgeht. Wir durchqueren einen alten Tunnel, über den ein kleiner Wasserfall hinwegplätschert, und kommen kurz darauf auf einen aufgelassenen Teil der Uferstraße. Dieser folgen wir nun nach rechts durch einen längeren und einen kürzeren Tunnel hindurch, in den bereits zum Greifen nahen Ort **Campione (5)** hinein.

Am Ende der Tour kann man sich dann mit einem erfrischenden Bad im See belohnen, während man auf die Steilwände zurückblickt, die man soeben durchquert hat. Oder man lässt den Tag mit einem Bummel durch den Ort ausklingen.

Auf der alten Straße von Limone nach Tremosine.

17 Bestone, der Beste

Auf den Monte Bestone oberhalb von Limone — ab 8 J.

Spricht man den italienischen Namen dieses Berges auf Englisch aus, ergibt sich daraus ein nettes Wortspiel. Als »best one«, als den besten Aussichtsgipfel in diesem Teil der Gardaseeberge, kann man den Monte Bestone nämlich durchaus betrachten. Grandiose Ausblicke auf den Nordteil des Gardasees, hinüber zum Monte-Baldo-Massiv und zur Stadt Malcesine, aber auch über den gesamten südlichen Teil des Sees bis hinunter nach Desenzano, Sirmione und Peschiera, belohnen für den Aufstieg. Da man bis auf eine Höhe von rund 700 Metern mit dem Auto fahren kann, handelt es sich zudem um einen der am leichtesten erreichbaren Aussichtsgipfel rund um den See.

KURZINFO

Ausgangspunkt: Parkplatz beim Hotel Le Balze in Campi (Navi: 25010 Voltino, Tremosine sul Garda, Via delle Balze 8).
Anfahrt: Von Limone di Garda fährt man auf der Straße SP 115 bergauf und biegt unmittelbar vor dem Ortsschild von Tremosine und einer Kirche auf der linken Straßenseite nach rechts Richtung Voltino und Campi ab. Auf einer schmalen Straße geht es in mehreren Serpentinen hinauf zu einem Parkplatz rechts der Straße unterhalb des Hotels Le Balze. Mit der Buslinie LN012 von Limone nach Voltino, von dort 30 Min. zusätzlich.
Anforderungen: Steiler und steiniger, aber nirgends ausgesetzter Weg. Das steile Stück am Abstieg kann auf einer Serpentinenstraße umgangen werden.
Ausrüstung: Wanderschuhe und Sonnenschutz sowie ausreichend Wasser.
Altersgruppe: Ab 8 Jahren.
Gehzeit: 1.30 Std.
Weglänge: 3,3 km.
Höhenunterschied: Rund 250 m.
Einkehr: Pizzeria La Baita am Rückweg.

Am Aufstieg zur Bocchetta Rocca.

Gipfelsieg am Monte Bestone.

An der **Straßenkreuzung (1)** an der Zufahrt zum Hotel Le Balze folgen wir den Wanderwegweisern Richtung »Monte Bestone, 45 Min.«, und gehen am Hotel vorbei auf der schmalen Asphaltstraße bergauf. Kurz vor dem Ende der Straße führt der Wanderweg links zwischen zwei Zäunen parallel zur Straße bergauf. Wir kommen in den Wald, in dem sich schon nach wenigen Metern der Weg gabelt. Man kann hier links bergauf zu einem kleinen Aussichtspunkt gehen oder geradeaus weiter bergan steigen. Die beiden Wege münden wieder ineinander, und man wandert weiter auf einem Bergkamm bergauf.

Immer wieder bieten sich grandiose Tiefblicke auf den Gardasee. Nach einer knappen Dreiviertelstunde ab dem Ausgangspunkt wird der Weg flacher, und wir kommen zu einem **Wegweiser (2)**, bei dem es links in Richtung »Bestone,

Nach der Tour bietet sich ein Badestopp in Limone an.

15 Min.« geht. Wir steigen aber geradeaus weiter hinauf auf einen kleinen Nebengipfel, auf dem rechts zwei kurze Abstecher jeweils zu einem Aussichtspunkt auf einer Felskanzel führen.

Anschließend wandern wir steil bergab in einen bewaldeten Bergsattel, die **Bocchetta Rocca (3)**, in dem mehrere Wege aufeinandertreffen. Wir folgen hier dem Wegweiser »Bestone, 10 Min.« auf der gegenüberliegenden Seite des Sattels bergauf.

Rechts kann man auf einem sehr steilen Weg eine Serpentine abschneiden; schließlich treffen der Hauptweg und die Abkürzung fünf Minuten unterhalb des Gipfels wieder zusammen und wir steigen das letzte Stück zum Gipfel des **Monte Bestone (4)** mit Glocke und Gipfelkreuz hinauf. Von hier oben genießen wir einen der schönsten Rundblicke über den nördlichen Teil des Gardasees, die Stadt Limone und hinüber zum Monte Baldo.

Wir kehren auf dem gleichen Weg zur **Bocchetta Rocca (3)** zurück. Hier können wir abermals zwischen einem flacheren und einem steileren Weg wählen. Der kürzere, direktere aber teilweise sehr steile Weg führt rechts, der flachere halb rechts bergab. In beiden Fällen gelangen wir nach etwa 15 Minuten Abstieg auf das Ende einer schmalen Asphaltstraße, auf der wir weiter abwärtsgehen. Wir treffen auf eine Asphaltstraße, der wir nach links folgen. Eben, dann kurz kaum merkbar bergauf erreichen wir die Pizzeria-Ristorante La Baita und folgen der Straße das letzte Stück zurück zum **Parkplatz (1)**, an dem wir die Wanderung begonnen haben.

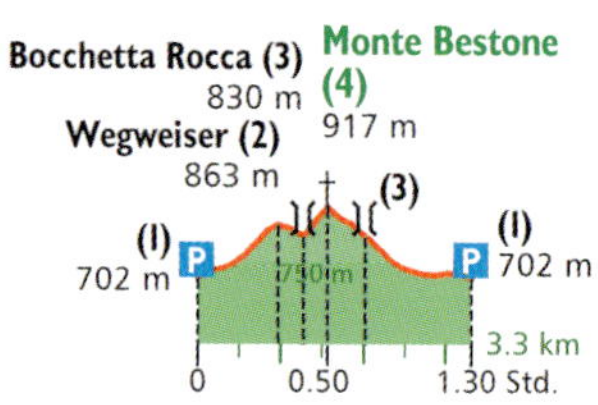

Am Balkon von Gargnano

18

Auf die Cima Comer am Westufer des Gardasees — ab 8 J.

Eine kurze, aber sehr lohnenswerte Wanderung führt hoch über dem Gardasee auf den Aussichtsgipfel Cima Comer, der direkt über der Stadt Gargnano liegt. Zwar führen auch direkt vom Ufer aus Wanderwege auf den Berg, aber man kann auch mit dem Auto auf knapp unter 1000 Meter Höhe hinauffahren und hat dann nur mehr 300 Höhenmeter Anstieg zu bewältigen. Der Ausblick lohnt jedenfalls jede Mühe!

KURZINFO

Ausgangspunkt: Abzweigung des Zufahrtsweges zum Rifugio Alpini di Gargnano von der Straße Via Briano (Navi: 25084 Gargnano, Via Briano; N45.708970, E10.664565). Kein Parkplatz, nur beschränkte Parkmöglichkeit entlang der Straße.

Anfahrt: Auf der Straße vom Ortszentrum von Gargnano auf der steilen und kurvenreichen Straße SP 9 Richtung Valvestino. Kurz vor Navazzo zweigt man rechts ab und fährt über die Bergdörfer Liano und Formaga zu einer Passhöhe, der Bocchetta San Liano. Dort abermals rechts Richtung Briano bis zur Abzweigung zur Berghütte Rifugio Alpini di Gargnano.

Anforderungen: Mittelschwere Wanderung auf großteils schmalen und stellenweise sehr steilen Wanderwegen. Keine ausgesetzten Passagen, aber Trittsicherheit trotzdem notwendig.

Ausrüstung: Feste Wanderschuhe, Trinkwasser und Proviant, Sonnen- und Regenschutz.

Altersgruppe: Ab 8 Jahren.

Gehzeit: 1.45 Std.

Weglänge: 2,7 km.

Höhenunterschied: 300 m.

Einkehr: Rifugio Alpini di Gargnano, nur sonntags geöffnet.

Traumhafter Ausblick über den Südteil des Gardasees.

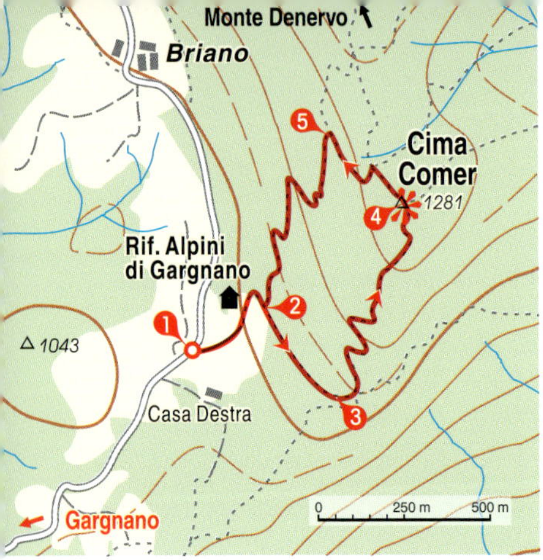

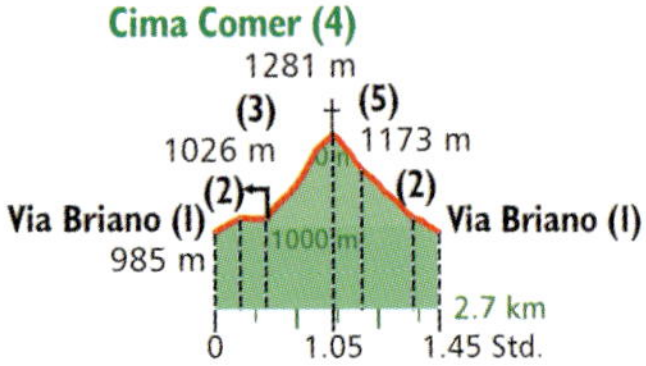

Vom Wegweiser an der Straße **Via Briano (1)** gehen wir auf dem asphaltierten Zufahrtsweg zur Berghütte **Rifugio Alpini di Gargnano** steil bergauf über Almwiesen. Wir wandern rechts an der Hütte vorbei und folgen den vorerst noch identischen Wegnummern 31 und 32. Wir kommen in den Wald hinein, in dem sich der Weg schon nach wenigen Metern nach rechts biegt und nahe am Waldrand entlangführt. An einer **Abzweigung (2)** gehen wir am Weg Nr. 31 geradeaus weiter; auf dem links abzweigenden Weg Nr. 32 werden wir am Ende der Wanderung zurückkehren. Wir wandern nun fast eben, zuletzt sogar leicht bergab durch den Wald dahin und treffen nach etwa 20 Minuten auf einen anderen **Weg (3)**, der von rechts steil heraufführt. Wenn man diesen wenige Meter bergab geht, gelangt man aus dem Wald heraus zu einem fantastischen Aussichtspunkt, von dem aus man bereits den Blick über den gesamten Südteil des Gardasees genießen kann. Dabei handelt es sich aber nur um einen Abstecher; unsere eigentliche Wanderung führt links bergauf. Der folgende Weg ist zwar stellenweise recht steil, führt aber angenehm schattig und nicht ausgesetzt zunächst durch den Wald, dann wieder über offenes Gelände entlang des Südgrates auf den Gipfel der Cima Comer zu. Knapp unterhalb von diesem gelangt man zu einer Aussichtsplattform mit einer Rastbank darauf. Direkt daneben befindet sich ein weiterer, überdachter Rastplatz mit einer Infotafel über Greifvögel. Wenige Meter später kommen wir nochmals bei einer Rastbank und einem Kreuz mit einer Marienstatue vorbei, bevor wir den eigentlichen, mit einer Steinpyramide und zwei schlichten Holzkreuzen gekennzeichneten Gipfel der **Cima Comer (4)** erreichen.

Vom Gipfel folgt man nun in westlicher Richtung einer rot-weißen Markierung steil bergab. Nach 100 m gelangt man zu einer Verzweigung, bei der man links abwärts Richtung

Am Rastplatz unterhalb des Gipfels.

Unerwartete Begegnung in luftiger Höhe.

Briano geht, während man rechts weiter auf den Monte Denervo kommen würde. Unser Weg führt nun wieder recht steil schattig durch den Wald hinunter. Nach etwa 200 m mündet von rechts nochmals ein **Weg (5)** aus Richtung des Monte Denervo ein; er ist mit der Nummer 32 markiert, und wir folgen ihm scharf links bergab. Es geht weiter im Zickzack durch den Wald abwärts, bis wir an der bekannten **Weggabelung (2)** wieder auf den Hinweg treffen. Hier halten wir uns rechts, gelangen in wenigen Minuten zurück zum **Rifugio Alpini di Gargnano** und zum Ausgangspunkt an der **Via Briano (1)**.

19 Wo die Papiermacher daheim sind

Im Tal der Papiermühlen bei Toscolano-Maderno ab 6 J.

Das Tal des Toscolano-Baches, der bei Toscolano-Maderno in den Gardasee mündet, ist weit und breit nur als »Valle delle Cartiere«, das Tal der Papiermacher, bekannt. Vom 15. bis zur Mitte des 20. Jahrhunderts waren hier mehrere Papierfabriken in Betrieb, die nach der Einstellung der Produktion allmählich verfielen. In einem der Werke, das mittlerweile vorbildlich renoviert wurde, hat man auch ein sehenswertes Museum über die Geschichte der Papierherstellung eingerichtet. Am Wendepunkt der Tour gelangt man zu einer spektakulären Schlucht.

KURZINFO

Ausgangspunkt: Wanderparkplatz im Papiermühlental in Maina di Sotto (Navi: 25088 Toscolano-Maderno, Via Valle delle Cartiere 55-51).
Anfahrt: Auf der Gardesana Occidentale SS 45bis bis nach Toscolano-Maderno, dann im Ortszentrum unmittelbar östlich der Brücke über den Bach nordwärts abbiegen und der Beschilderung in Richtung Valle delle Cartiere folgen. Die schmale Asphaltstraße geht schließlich in Schotter über und führt durch mehrere Tunnel, dann gelangt man zu einem Wanderparkplatz mit Informationstafeln.
Anforderungen: Leichte Wanderung auf großteils breiten Wanderwegen.
Ausrüstung: Leichte Wanderschuhe, Sonnen- und Regenschutz.
Altersgruppe: Ab 6 Jahren.
Gehzeit: 1.30 Std.
Weglänge: 3,4 km.
Höhenunterschied: 60 m.
Einkehr: Café im Papiermachermuseum, sonst unterwegs keine; zahlreiche Einkehrmöglichkeiten in Toscolano-Maderno.

Museumstipp

Im Anschluss an die Wanderung durch das beschauliche Papiermühlental sollte man unbedingt dem Papiermachermuseum in Maina di Sotto einen Besuch abstatten. Das Museum zeigt die Geschichte der Papiererzeugung vom Mittelalter bis in unsere moderne Zeit anhand zahlreicher interessanter Ausstellungsstücke.

Kosten: Eintritt ins Museum für Erwachsene 7 €, für Kinder und Jugendliche (6–18 Jahre) 5 €, Kinder bis 5 Jahre gratis.
Öffnungszeiten: Von 15. März bis 15. Oktober täglich 10–18 Uhr, im Oktober nur Samstag und Sonntag 10–17 Uhr.
Info: Museo della carta, Tel. +39 03 65 641050, valledellecartiere.it

Im Museum lernt man, wie Papier gemacht wird.

Vom **Wanderparkplatz (1)** gehen wir auf der breiten, ab hier aber für den Autoverkehr gesperrten Schotterstraße weiter durch das Tal hinauf und kommen schon nach kurzer Zeit nochmals zu einem Straßentunnel, den wir durchwandern. Auf der anderen Talseite sehen wir bereits das **Papiermachermuseum (2)** im schön restaurierten Fabrikgebäude und den mächtigen, 33 Meter hohen Schlot der Fabrik. Eine alte Steinbogenbrücke überspannt links von uns den Bach; über sie können wir entweder jetzt oder am Ende der Tour einen Abstecher zum Museum machen und dieses besichtigen.

Wir bleiben noch auf der Schotterstraße, die nach etwa 300 m ab dem Museum auf einer weiteren Steinbrücke den Toscolano-Bach überquert und auf der anderen Seite zu den Häusern von **Maina di Sopra (3)** führt. Wir kommen im weiteren Verlauf an mehreren Fabrikruinen und an Infotafeln vorbei. Man sieht die Überreste einer Papiermühle aus dem 16. Jahrhundert, die bei Ausgrabungsarbeiten wieder freigelegt wurden. Abermals überqueren wir

Am Weg durch Maina di Sopra.

den Bach und wandern nun wieder auf der in Gehrichtung gesehen rechten Talseite weiter. Wir kommen nach **Canetto (4)**, wo ein Weg steil nach rechts bergauf in das Dorf Gaino führen würde. Wir bleiben stattdessen im Tal und überqueren nach 100 m noch einmal den Bach. Wir kommen an einem Picknickplatz im Weiler **Lusetti** vorbei und folgen einem Wanderweg noch ein kleines Stück weiter bis zu einer Stelle, wo wir in die enge Klamm **Forra di Covoli (5)** hineinschauen können. Unterhalb des Weges gibt es auch, näher beim Wasser, einen kurzen Stollen, durch den man ein Stück in den engen Felsencanyon hineingehen kann.

Die am Felsen befestigte Steganlage durch die Schlucht war zuletzt wegen Einsturzgefahr gesperrt worden, über eine geplante Renovierung war bei Redaktionsschluss noch nichts bekannt.

Die Rückkehr zum **Wanderparkplatz (1)** erfolgt auf demselben Weg.

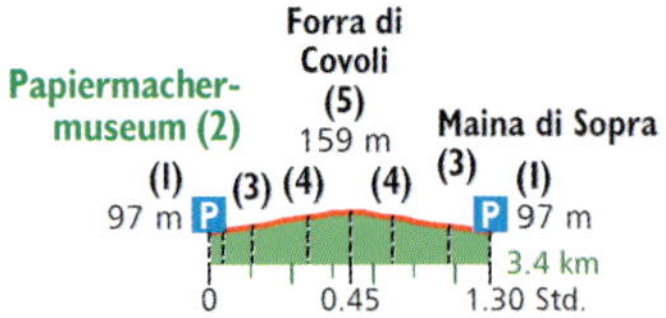

Der Stollen bei der Forra di Covoli.

Wandern durch die Finsternis

20

Besichtigung des Bergwerks im Val Trompia

ab 5 J.

Auch wenn man für dieses Abenteuer eine etwas längere Anfahrt in Kauf nehmen muss: Wo hat man schon die Gelegenheit, eine richtige Wanderung durch das Innere eines Berges zu machen? Eines der zahlreichen aufgelassenen Bergwerke im Tal Val Trompia, die Miniera Sant'Aloisio, lädt zu einer Besichtigung ein, und das auf wirklich abenteuerliche Art mit Helm und Stirnlampe. Dass einem ganz schön unheimlich werden kann, wenn man sich vorstellt, wie tief man hier ins Innere des Berges vordringt, gehört zum Erlebnis dazu, und zur Belohnung wartet im Anschluss an die Tour noch ein weiteres Highlight: ein Indoor-Hochseilgarten im ehemaligen Fabrikgelände des Bergwerkbetriebes. Ein ideales Ausflugsziel für Regentage!

KURZINFO

Anfahrt: Vom Gardasee-Westufer bei Saló auf der Straße SS 237 bis Sabbio Chiese, dann weiter auf der SP 79 nach Sarezzo. Von hier auf der SP 345 über Gardone und Tavernole Richtung Collio. Wer kurvige Bergstraßen nicht scheut, kann alternativ dazu von Riva del Garda auf der SS 240 nach Storo, weiter auf der SS 237 nach Lodrone und dann auf Bergstraßen über Bagolino, Giogo del Maniva und San Colombano von Nordosten her nach Collio fahren. Von dort Richtung Tavernole; die Mine liegt direkt an der Hauptstraße 1 km außerhalb von Collio (Navi: 25060 Collio, Via Castiglione). Mit der Buslinie S201 ab Breschia.

Anforderungen: Etwa einstündige Tour durch Stollen und Förderschächte eines alten Bergwerks. Großteils ebene, breite Wege, aber teilweise auch durch Sickerwasser rutschige Stellen und einige Stufen, die es zu überwinden gilt.

Ausrüstung: Festes, wasserfestes Schuhwerk, warme Kleidung (Temperatur im Inneren um die 10 °C und Luftfeuchtigkeit etwa 95 Prozent). Wer möchte, kann auch eine eigene zusätzliche Taschenlampe mitnehmen.

Altersgruppe: Mindestalter fürs Bergwerk 5 Jahre, Mindestgröße für den Kletterpark 1,40 m.

Besuchszeit: ½ Tag (Führung durchs Bergwerk ca. 1 Std., für den Kletterparcours etwa 1.30 Std.).

Öffnungszeiten: Im Mai, Juni und September nur sonntags, im Juli samstags und sonntags, die ersten drei Augustwochen täglich jeweils 10–18 Uhr (letzter Eintritt um 16.20 Uhr).

Kosten: Eintritt für Erwachsene ins Bergwerk 10 €, für Kinder bis 13 Jahre 8 €. Kletterpark für Erwachsene 15 €, für Kinder bis 13 Jahre 12 €. Kombiticket Bergwerk und Kletterpark für Erwachsene 21 €, für Kinder 16 €. Parkplatz gratis.

Einkehr: Unterwegs keine; nächste Lokale im Ort Collio.

Hinweis: Aufgrund der hohen Luftfeuchtigkeit wachsen im Inneren des Berges auch an vielen Stellen Schimmelpilze. Wer unter einer Allergie gegen deren Sporen leidet, sollte das Bergwerk besser meiden.

Informationen: Tel. +39 347 8163 286, miniereinvaltrompia.com

Die ehemaligen Förderschächte können durchklettert werden.

Eine Wanderung im Inneren eines Berges – so könnte man dieses spannende Abenteuer unter Tage am besten beschreiben. Denn bei dieser Bergwerksbesichtigung geht es nicht nur ein kurzes Stück in ein altes Bergwerk hinein, sondern man unternimmt eine richtige Wanderung mit einer Streckenlänge von rund 2,5 Kilometern.

Vom Parkplatz geht man auf einem Fahrweg in ein kleines Tal hinein bergauf, um zum Eingang des Minengeländes zu kommen. Dabei unterquert man bereits zwei Seilbrücken, die zum Hochseilgarten gehören. Im Inneren des ehemaligen Verwaltungsgebäudes erwartet einen dann eine Ausstellung über die Geschichte dieser Mine, die man sich ansehen kann, während man auf den Beginn der nächsten Führung wartet.

In kleineren Gruppen bricht man zur Besichtigung des Bergwerks auf. Zwar führen auch Schienen ins Innere des Stollens, aber auf einen bequemen Touristenzug, der einen in den Berg hineinbringt, wartet man

Hallo Kinder,

das Val Trompia trägt auch den Spitznamen »eisernes Tal«, denn Eisenerz wurde hier schon seit Menschengedenken abgebaut. Bereits die Römer haben die ersten Bergwerke errichtet, und bis zum Jahr 1985, als der letzte der Betriebe stillgelegt wurde, wurde hier durchgehend Bergbau betrieben. Zwar gab es schon im 18. Jahrhundert einmal einen deutlichen Rückgang in der Produktion, doch mit der zunehmenden Industrialisierung erlebte das Tal im 19. Jahrhundert nochmals einen Aufschwung. In den 1970er-Jahren erfolgte dann der endgültige Niedergang. Während anderswo ganze Berge im sogenannten Tagebau – also von der Oberfläche aus – abgegraben und Eisenerz sehr billig mit riesigen Maschinen gefördert werden konnte, musste es hier durch Stollen tief aus der Erde geholt werden. Damit wurde der Abbau einfach viel zu teuer.

Wer noch mehr über den Erzabbau in diesem Tal wissen möchte, kann auch noch ein weiteres stillgelegtes Bergwerk, die Mine Marzoli in Pezzaze, oder das Museum im alten Schmelzofen »Il Forno« in Tavernole besichtigen.

Abenteuerliche Wanderung durch die Dunkelheit.

hier vergeblich, und auch elektrische Beleuchtung gibt es im Berg keine.

So wie einst die Bergarbeiter muss man also, nur mit einer Stirnlampe und einem Helm ausgerüstet, zu Fuß den langen Marsch antreten.

Mehrmals verzweigt sich der unterirdische Stollen. Verschiedene Gesteinsformationen wechseln ab, und neben dem Weg plätschert Wasser in einem Graben in Richtung des Ausgangs. Nach etwa einer Viertelstunde, die man praktisch eben immer tiefer ins Berginnere vordringt, führt der Weg über steile Stufen noch tiefer hinunter. Man sieht Überreste alter Fördermaschinen, lernt verschiedene Arten kennen, wie die Stollen ausgebaut und abgestützt wurden, steigt nach oben und kommt dann in einem weiten Bogen wieder zu einer bekannten Stelle zurück, an der man schon am Hinweg vorbeigekommen ist. Das letzte Stück des Weges in Richtung Ausgang führt dann durch den gleichen Stollen, den wir gekommen sind.

Das Bergwerk in Val Trompia ist aber gleich in doppelter Hinsicht ein ideales Ziel für Regentage. Nicht nur, dass man bei der Wanderung durch die finsteren Gänge des Bergwerks von Wind und Wetter unbehelligt bleibt, kann auch die zweite Hauptattraktion des Geländes bei jedem Wetter in Anspruch genommen werden. Ein Hochseilparcours der etwas anderen Art führt hier nicht durch den Wald zwischen hohen Bäumen, sondern kreuz und quer durch das alte Fabrikgelände. Man geht durch Förderschächte, seilt sich durch alte Vorratsbunker ab und balanciert über wacklige Hängebrücken zwischen den ehemaligen Hochöfen. Der Großteil davon befindet sich unter Dach, nur zwei kurze Abschnitte führen durchs Freie, können aber bei Regen umgangen oder ausgelassen werden.

21 Im Zaubergarten von Gardone Riviera

Durch den Park der André-Heller-Stiftung ab 4 J.

Verschlungene Pfade und exotische Pflanzen, kleine Teiche und Brücken, wasserspeiende Figuren und ein chinesischer Garten, dazwischen versteckte Rastplätze und mittendrin platzierte Kunstwerke – der Giardino Botanico in Gardone Riviera gleicht wahrlich einem verzauberten Ort, an dem man die Hektik und den Trubel des Alltags vergessen kann. Der österreichische Künstler André Heller hat hier aus einem bereits 1910 angelegten, aber jahrelang fast in Vergessenheit geratenen botanischen Garten eine einmalige Symbiose von Natur und Kunst geschaffen, die auf der Welt ihresgleichen sucht.

KURZINFO

Anfahrt: Auf der Gardesana Occidentale (SS 45bis) gelangt man direkt nach Gardone Riviera (Navi: 25083 Gardone Riviera, Via Roma 2). Es gibt mehrere gebührenpflichtige Parkplätze im Ort, der auch per Bus (Linie Desenzano – Riva del Garda) und mit Linienschiffen gut erreichbar ist. Von der Bushaltestelle im Zentrum von Gardone geht man nur 3 Min., von der Bootsanlegestelle etwa 5 Min. zum Garten. Der Weg ist beschildert.
Anforderungen: Leichter Spaziergang durch den botanischen Garten auf teils gepflasterten, teils mit feinem Kies bedeckten Wegen.
Ausrüstung: Leichtes Schuhwerk, Sonnen- und Regenschutz.
Altersgruppe: Ab 4 Jahren.
Besuchszeit: ½ Tag.
Öffnungszeiten: März bis November täglich 9–19 Uhr.
Kosten: Eintritt für Erwachsene 12 €, Kinder (6–11 Jahre) 5 €, unter 6 Jahre gratis.
Einkehr: Es gibt am höchsten Punkt des Gartens einen kleinen Imbisspavillon, in dem Getränke, Eis und Sandwiches verkauft werden. In Gardone Riviera zahlreiche Einkehrmöglichkeiten aller Art.
Tipp: Aufgrund der Nähe zur Schiffsanlegestelle lässt sich dieser Programmpunkt sehr gut mit einer Schifffahrt am See (Tour 13) kombinieren.
Informationen: Tel. +39 336 410877, hellergarden.com

Wenn man von der Schiffsanlegestelle kommt, geht man am Grand Hotel Gardone vorbei und über Stufen hinauf zur Hauptstraße, die man überquert. An dieser befindet sich auch die Bushaltestelle. Über weitere Stufen geht man jetzt neben dem Postamt hinauf zur nächsten Straße, der Via Roma. Dieser folgt man etwa 250 m weit bis zum Eingang des Botanischen Gartens. Dieser wurde ursprünglich zwischen 1910

Der riesige Blauregen ist eine der eindrucksvollsten Pflanzen des Gartens.

Hier kann man leicht nass werden!

und 1914 von dem Botaniker und Zahnarzt Arthur Hruska angelegt, um sich den Traum von einem »Weltgarten« zu erfüllen. Im Lauf von Jahrzehnten wurden ein ehemaliger Weingarten und ein Olivenhain großflächig umgestaltet und so verändert, dass von Alpenpflanzen bis hin zu tropischen Palmen für unterschiedlichste Arten ein idealer Lebensraum gestaltet wurde. Nach dem Tod Hruskas im Jahr 1971 wurde der Garten dann wenig beachtet und erst wieder im Jahr 1988 durch die Übernahme durch die André-Heller-Stiftung neu aufgewertet und für Besucher attraktiver gemacht.

Beim Kassenhäuschen erhält man einen großformatigen Übersichtsplan des Gartens, auf dem alle Wege, die verschiedenen besonderen Pflanzen sowie die ausgestellten Skulpturen eingezeichnet sind. Zunächst gibt es nur einen einzigen Weg, der sich nach wenigen Metern teilt, aber die beiden Äste vereinigen sich danach wieder. Man kann entweder auf einer Brücke über einen kleinen Teich oder rechts um diesen herumgehen.

Wenn man weiter bergauf geht, kommt man an mehreren weiteren Teichen vorbei. Die Wege verästeln sich immer mehr, sodass der Park stellenweise schon einem Irrgarten gleicht. Man sollte sich Zeit lassen und einfach herumstreifen. Dabei hat man die Gelegenheit, immer neue Plätze zu entdecken, an denen man noch nicht gewesen ist. Hält man sich eher links, kann man durch den »Efeutunnel« zum dschungelartig gestalteten Teil des Parks gehen. Hier befindet sich auch ein Gebäude mit WC-Anlagen, und wenn man von diesem bergauf geht, kommt man zu einer Brücke über einen kleinen Teich. Diese Stelle macht Kindern besonderen Spaß, denn links und rechts stehen Skulpturen, von

Ein Garten wie im Märchen.

denen in unregelmäßigen Abständen ein Wasserstrahl ausgeht – man muss also den richtigen Zeitpunkt erwischen, um die Brücke zu überqueren, ohne nass zu werden.

Auch der Alpengarten im Zentrum des Parks will erforscht werden. Hier kann man auf einem steilen Pfad zu einem Aussichtspunkt hinaufklettern, von dem aus man den Großteil der Anlage überblicken kann.
Schließlich gelangt man am höchsten Punkt des Gartens zu einem idyllischen Platz mit Tischen, Bänken und einem Kiosk. Dahinter befindet sich ein Gewächshaus mit Kakteen, das man noch besuchen kann, bevor man sich eine kleine Erfrischung oder ein Eis gönnt und dann wieder auf einem der vielen Wege in Richtung des Ausgangs wandert. Und egal, wie viel man vorher schon im Park herumgestreift ist – man wird auch am Rückweg sicher noch das eine oder andere interessante Detail, eine besonders sehenswerte Pflanze oder ein Kunstwerk entdecken, das harmonisch in die Gartenanlage eingefügt wurde.

Gardone Riviera

Der Ort Gardone Riviera hat schon eine sehr lange Tradition als Kurort, weshalb es hier auch eine große Zahl alter Hotels und Villen gibt. Das besonders milde Klima, in dem neben Zypressen und Agaven auch Zitruspflanzen und andere subtropische Gewächse bestens gedeihen, wurde bereits Ende des 19. Jahrhunderts von Ärzten für einen längeren Kuraufenthalt empfohlen. Aus diesem Grund ließ der Österreicher Ludwig Wimmer das erste große Hotel direkt am See errichten. Als er dann schließlich im Jahr 1881 zum Bürgermeister gewählt wurde, setzte er sich besonders erfolgreich dafür ein, den Ort im In- und Ausland zu bewerben. Die Blütezeit als Kurort erlebte Gardone Anfang des 20. Jahrhunderts. Von 1900 bis zu ihrer Einstellung im Jahr 1934 verkehrte sogar eine Straßenbahn von Brescia über Gardone bis Gargnano. Bis heute hat sich Gardone sein besonderes Flair bewahrt und bei einem Bummel entlang der Seepromenade spürt man noch viel vom Hauch der Vergangenheit. Es gibt eine große Anzahl von Einkehrmöglichkeiten und Eisdielen, sodass man hier nach dem Besuch des Heller-Gartens sicher noch etwas Zeit verbringen wird.

Auf den Spuren der Minerva

22

Ruinen und Klippen auf der Rocca di Manerba

ab 8 J.

Einer der schönsten Aussichtspunkte im sonst ja recht flachen Südteil des Gardasees ist der markante Felsen Rocca di Manerba beim gleichnamigen Ort. An klaren Tagen soll man von hier aus sogar das Nordende des Sees mit den Städten Riva und Torbole sehen können, auf jeden Fall aber reicht der Blick über die gesamte Südhälfte des Sees hinüber nach Sirmione, Bardolino und Garda. Wen wundert es da, dass man die strategische Bedeutung des Felsens schon früh erkannte und hier im 8. Jahrhundert auf den Überresten eines römischen Minerva-Tempels eine Festungsanlage errichtete, die bis zum 18. Jahrhundert existierte und von der noch zahlreiche Überreste erhalten sind.

Rund 100 Meter messen die Felsen an der höchsten Stelle.

KURZINFO

Ausgangspunkt: Parkplatz beim Besucherzentrum des Naturschutzgebietes Rocca di Manerba (Navi: 25080 Manerba del Garda, Via della Rocca 16).
Anfahrt: Von Süden auf der SP 572 bis Moniga del Garda, dort im Kreisverkehr auf die SP 39 Richtung Manerba abzweigen. Der Parkplatz ist ab dem Ortsteil Montinelle gut ausgeschildert.
Mit Buslinie LN007 ab Desenzano nach Montinelle, von dort 15 Min. zusätzlich.
Anforderungen: Der Weg zur Burgruine selbst ist leicht und großteils asphaltiert. Der Abstieg zum Bergsattel ist steil, mit Holzstufen und zum Teil mit Geländern ausgebaut, dennoch ist hier Trittsicherheit erforderlich. Am Weg entlang der Klippen kleinere Kinder unbedingt an der Hand halten, da es keine Geländer oder Absturzsicherungen gibt.
Ausrüstung: Leichte Wanderschuhe, Sonnenschutz sowie Trinkwasser.
Altersgruppe: Ab 8 Jahren.
Gehzeit: 2.00 Std.
Weglänge: 3,4 km.
Höhenunterschied: 170 m.
Öffnungszeiten: Die Ruine und das umliegende Areal sind rund um die Uhr frei zugänglich. Das archäologische Museum ist von April bis September täglich außer Dienstag 10–18 Uhr geöffnet, im Winter Mittwoch bis Freitag 9–13 Uhr, Samstag und Sonntag 10–17 Uhr.
Kosten: Parkgebühr 2 €/Std., der Eintritt ins Museum ist kostenlos.
Einkehr: Bar beim Besucherzentrum.
Informationen: Riserva Rocca di Manerba, Tel. +39 0365 659842, www.riservaroccamanerba.com/de/

Blick vom Gipfel zur Isola San Biagio.

Direkt beim Parkplatz am Ende der Via Rocca befindet sich ein **Besucherzentrum (1)** mit einer Café-Bar und einem sehenswerten **Museum**. Wer dieses vor der eigentlichen Wanderung besucht, hat den Vorteil, sich anhand eines dort ausgestellten Modells besser vorstellen zu können, wie die Burganlage einmal ausgesehen hat.

Wir gehen auf einem asphaltierten Fußweg vorbei an mehreren Informationstafeln bergauf und erreichen nach wenigen Minuten das ehemalige Burgtor. Dahinter sind links des Weges noch sehr gut die Grundmauern ehemaliger Gebäude der Anlage erkennbar. 100 m weiter kommen wir zum früheren Kern der **Burg**, wo wir entweder links auf einem Weg oder rechts auf einem Holzsteg über einen Graben weitergehen können. Wir gelangen zum höchsten Punkt der Rocca, wo sich inmitten der Grundmauern der Burg ein **Gipfelkreuz (2)** befindet und von wo wir einen grandiosen Rundblick genießen.

An der Nordseite der Burg führt ein mit Seilen begrenzter Fußweg sehr steil über Stufen bergab. Nach etwa zehn Minuten Abstieg kommt man in lichten Wald, in dem es weiter bergab zu einem **Bergsattel (3)** geht, in dem sich mehrere Wege kreuzen und in dem auch eine Orientierungstafel steht.

Wir nehmen den Weg geradeaus, der wieder leicht ansteigt und gleich

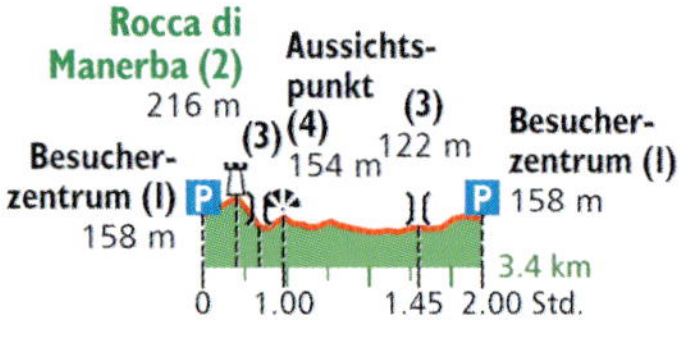

auf einen etwas breiteren Weg stößt. Auf diesem wandern wir halb links bergauf, zuletzt wieder etwas steiler, zu einem **Aussichtspunkt (4)** am Rand der Felsklippen, die auf spektakuläre Weise senkrecht zum Gardasee abfallen.

Es lohnt sich, noch ein Stück den Fußweg entlang der Klippen weiter nach Süden zu gehen, weil man immer wieder tolle Ausblicke genießt. Nach etwa 500 m hält man sich dann bei einer Gabelung rechts und nimmt einen Pfad, der sich von der Küste entfernt und bei einem Wegweiser auf einer großen Wiese auf einen ausgeschilderten Mountainbike-Weg trifft. Diesem folgt man jetzt rechts Richtung Pieve und gelangt so durch den Wald, vorbei an einem Rastplatz mit drei Jausenbänken, zurück zum **Sattel (3)**.

Nun hält man sich links und wandert auf einem Pfad entlang eines Maschendrahtzaunes. Am Rand eines Olivenhaines treffen wir auf einen anderen Weg und folgen hier einem Wegweiser halb rechts weiter im Wald Richtung »Centro visitatore«. Der Weg führt unterhalb von Häusern vorbei und mündet dann auf eine Dorfstraße, auf der man bergab geht und schon nach 50 m wieder die Via Rocca erreicht. Auf dieser rechts in drei Minuten zurück zum **Besucherzentrum (1)** und zu unserem Parkplatz.

Badetipp

Wer auf der Suche nach schönen Badestränden ist, wird im Ort Manerba ebenfalls fündig. Zum einen ist da der große Badestrand Spiaggia della Romantica, an dem es Kanu- und Tretbootverleih, Liegestühle, Sonnenschirme und entlang des Ufers mehrere Restaurants und Bars gibt. Eine besondere Attraktion ist jedoch die kleine Insel Isola San Biagio, die man nur erreichen kann, indem man durchs Wasser watet. Von der Spitze der Landzunge, auf der sich ein Campingplatz befindet, kann man durch das weniger als einen Meter tiefe Wasser zu der kleinen unbewohnten Insel hinübergehen, auf der es rundherum zahlreiche Strände und Bademöglichkeiten gibt.

23 Die Stadt im See

Spaziergang im mittelalterlichen Sirmione ab 4 J.

Kein anderer Ort am Gardasee ist von der Lage her mit Sirmione vergleichbar: Wie ein ausgestreckter Finger ragt die Halbinsel mehr als vier Kilometer weit in den See hinein. Die schönste erhaltene Scaligerburg, die eindrucksvollsten römischen Ausgrabungen, heiße Schwefelquellen, schöne Badestrände und nicht zuletzt die wahrscheinlich größten Eiskugeln weit und breit machen den Besuch zum Erlebnis.

KURZINFO

Ausgangspunkt: Einer der Parkplätze am Ortsbeginn von Sirmione. Je nach Entfernung geht man von hier 10 bis 20 Min. zur Altstadt (Navi: 25019 Sirmione, Piazzale Monte Baldo). Es gibt auch einen Shuttlebus, der zwischen Colombare und dem historischen Zentrum verkehrt und alle Parkplätze anfährt. Er verkehrt alle 15–20 Min. und kostet 1,50 € pro Person.
Anfahrt: Auf der Autobahn A4 oder der Schnellstraße SP 11 bis zur Ausfahrt Sirmione, dann der Beschilderung zum Zentrum folgen.
Per Bus mit der Linie LN026 ab Bahnhof Desenzano oder mit den Linienschiffen.
Anforderungen: Stadtrundgang auf durchgehend befestigten Straßen und Promenadenwegen.
Ausrüstung: Sandalen oder leichte Sportschuhe. Wer die Burg erklimmen möchte, zieht besser keine Flip-Flops an (Rutschgefahr auf den Stufen). Man muss keine größeren Mengen Wasser mitnehmen, da es in der Stadt zahlreiche Trinkbrunnen gibt.
Altersgruppe: Ab 4 Jahren.
Gehzeit: 1.30 Std.
Weglänge: 3,2 km.
Höhenunterschied: Unter 50 m.
Kosten: Eintritt für Kastell/Ausgrabungen bis 18 Jahre gratis, 18–25 Jahre 3€/4€, über 25 Jahre 6€/8€. Parkgebühr 2,20 € pro Stunde.
Einkehr: Strandbar am Lido delle Bionde, Café beim Eingang der Grotten des Catull, zahlreiche Lokale in der Stadt.

Wir beginnen unseren Rundgang durch Sirmione direkt vor den Toren der Altstadt, wo eine **Brücke (1)** über einen Wassergraben zum Stadttor hinüberführt. Rechts von uns sehen wir bereits die mächtigen Mauern des **Castello Scaligero** mit den typischen Schwalbenschwanzzinnen.

Wir betreten die Altstadt und können, wenn wir möchten, gleich zu Beginn die Burg besichtigen. Der Zugang führt nach rechts über einen weiteren Wassergraben. Sofort werden wir vom mittelalterlichen Flair der reizvollen Altstadt gefangen genommen. Einen ausführlicheren Bummel durch die Straßen – und eine Einkehr in einer der vielen Eisdielen – wollen wir uns aber für den Schluss unseres Rundganges aufsparen. Zunächst wenden wir uns auf der **Gasse Via Dante (2)** nach rechts, die entlang des Wasserkanals verläuft. Würde man diese bis zum Ende gehen, käme man zu einem kleinen Badestrand. Wir wenden uns aber nach 50 m links und gehen eine Gasse leicht bergauf, die uns zu einem kleinen Platz bei der Kirche **Santa Maria Maggiore** bringt. Von hier führen nun Stufen

Blick von der Burg auf den See.

Richtung Norden, parallel zum Ufer, bergab und wir gelangen auf einen Spazierweg, der ein Stück oberhalb des Ufers entlangführt. Rechts unterhalb von uns befinden sich weitere Badeplätze.

Hält man sich hier auf gleicher Höhe halb links, kommt man an einem Trinkwasserbrunnen vorbei in einen hübschen Park, in dem sich auch ein

Badetipp

In unmittelbarer Nähe der Altstadt, auf der Ostseite der Halbinsel, gibt es mehrere schöne Badebuchten, die allesamt frei zugänglich sind. Das Wasser ist hier großteils flach und auch für Kinder geeignet; wenn man ein Stück am Ufer entlang geht, finden sich aber auch steilere, felsigere Ufer, sodass für jeden Geschmack etwas dabei ist. Man kann die Badeplätze nicht verfehlen, weil man auf dem beschriebenen Rundweg direkt daran vorbeikommt. Wer einen offiziellen Badestrand mit Bar und Liegestuhlverleih sucht, ist am Lido delle Bionde am besten aufgehoben.

Links: Das Castello Scaligero ist eine Burg wie aus einem Märchen.

Die Grotten des Catull befinden sich an der Nordspitze der Halbinsel.

Spielplatz befindet. Wir gehen stattdessen aber halb rechts bergab zum Ufer und folgen diesem nun auf einem Fußweg vorbei an einer heißen Schwefelquelle – erkennbar an den gelb gefärbten Steinen ringsum – für etwa zehn Minuten zum beliebten Badestrand **Lido delle Bionde (3)**, an dem es Sonnenschirm- und Liegestuhlverleih, eine Strandbar und ein WC gibt.
Von hier gehen wir über eine Treppe hinauf, vom Ufer weg, und treffen auf eine Straße, der wir nach rechts folgen. Sie führt leicht bergab zum Eingang des archäologischen Areals

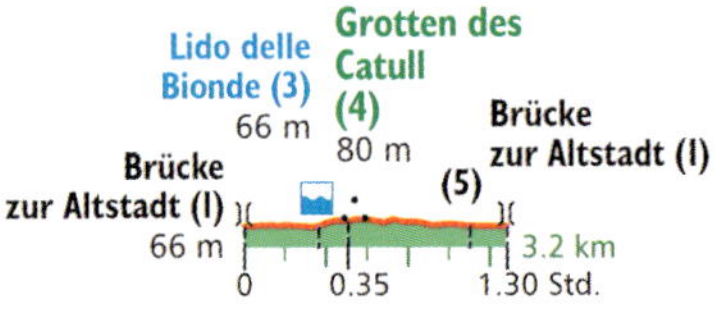

der **Grotten des Catull (4)**. Diese riesigen Überreste einer römischen herrschaftlichen Villa können wir nun besichtigen; es gibt nach dem Eingang gleich rechts auch ein sehenswertes Museum.
Nach dem Besuch der Ausgrabungen gehen wir auf dem Hinweg zurück bis zu der Stelle, an der wir vorhin über die Treppe vom Strand heraufgekommen sind. Wir bleiben nun auf der Straße und folgen dieser in Richtung der Altstadt. Wir spazieren hinunter zu einem Platz vor dem **Thermalbad (5)** und folgen von hier halb links der Via Vittorio Emanuele ins Stadtzentrum. So gelangen wir zurück zur **Scaligerburg (2)**, wo sich unser Rundweg wieder schließt. Von hier geht es durch das Stadttor wieder hinaus über die **Brücke (1)** und zurück zu den Parkplätzen.

Grotte di Catullo
4
Museo
3
Lido delle Bionde
San Pietro in Mavino
Acque Termale Pubblica
Parco Callas
5
Terme
Sirmione
S. Maria Maggiore
2
Castello Scaligero
1
Piazzale Porto
P
Piazzale Monte Baldo
0
100 m
200 m

24 Landschaftspark und Labyrinth

Spaziergang im Parco Sigurtá bei Valeggio — ab 4 J.

Der Aussichtspunkt in der Mitte des Labyrinths.

Der Parco Sigurtá bei Valeggio gilt als eine der schönsten Parkanlagen Italiens, wenn nicht ganz Europas. Er ist ein wahres grünes Paradies und bietet Erwachsenen wie Kindern gleichermaßen viel Abwechslung. Nicht nur, dass man hier zahllose heimische und exotische Pflanzen in einem wunderschön in die Landschaft integrierten Garten sehen kann, es gibt auch mehrere künstliche Ruinen, Tiergehege und als Höhepunkt für Kinder ein riesiges, aus Hecken gebildetes Labyrinth mit einem Aussichtsturm in der Mitte.

KURZINFO

Ausgangspunkt: Parkplatz am Ortsbeginn von Valeggio sul Mincio (Navi: 37067 Valeggio sul Mincio, Via Cavour 35). Von hier geht man etwa 200 m auf dem Fuß- und Radweg neben der Straße weiter in den Ort hinein, bis man rechter Hand den Eingang zum Park sieht.
Anfahrt: Auf der Straße SR 249 von Peschiera der Beschilderung nach Valeggio und zum Parco Sigurtá folgen. Wegweiser führen bereits ab der Autobahnabfahrt Peschiera zum Park.
Per Bus mit der Linie 46 Peschiera – Mantua ab Bahnhof Peschiera.
Anforderungen: Leichter, aber – je nachdem, welche Teile des Parks man besuchen möchte – unter Umständen recht langer Spaziergang, großteils auf Pflasterwegen.
Ausrüstung: Sandalen oder leichte Sportschuhe sind ausreichend. Sonnenschutz. Man muss keine größeren Mengen Wasser mitnehmen, da es im ganzen Park verteilt mehrere Trinkbrunnen gibt.
Altersgruppe: Ab 4 Jahren.
Gehzeit: 1.30–3.00 Std.
Weglänge: Ca. 5–10 km, je nach Route.
Höhenunterschied: Maximal 100 m.
Öffnungszeiten: März bis Oktober täglich ab 9 Uhr geöffnet, im März und Oktober bis 18 Uhr, von April bis September bis 19 Uhr. Letzter Einlass in den Park jeweils eine Stunde vor Schluss.
Kosten: Eintritt für Erwachsene 16 €, Kinder (5–14 Jahre) 9 €, Parkplatz gratis. Eigene Fahrräder kann man gratis in den Park mitnehmen oder E-Bikes für 6,50 € pro Stunde mieten (leider keine Kinderfahrräder). Golfcarts für bis zu 4 Personen (Führerschein B notwendig) kosten 20 € pro Stunde. Die Fahrt mit dem Bummelzug kostet 4 € pro Person (Kinder unter 1 m Körpergröße gratis).
Varianten: Es gibt im Park zahllose Möglichkeiten, den Rundweg abzukürzen oder noch zu erweitern.
Einkehr: Imbiss beim Eingang und beim Lehrbauernhof, Gasthaus in der Mitte des Parks. Zahlreiche weitere Lokale in der Stadt.
Informationen: Parco Giardino Sigurtá, Tel. + 39 045 6371033, sigurta.it

Hallo Kinder,

habt ihr euch schon einmal den Weg durch einen Irrgarten gesucht? Labyrinthe haben die Menschen immer schon fasziniert und spielten in vielen Geschichten seit der Antike eine wichtige Rolle. Im ursprünglichen Sinn meinte der Begriff eigentlich eine verschlungene Linie, die zwar auf vielen Umwegen, aber ohne Abzweigungen zwangsläufig ans Ziel führte. Das Labyrinth im Sinne eines Irrgartens mit Sackgassen und Verzweigungen entstand erst später und ist in Europa seit dem 15. Jahrhundert überliefert. Es dauerte nicht lange, bis danach dieses Prinzip in der Gartenkunst Verwendung fand. Das erste aus hohen Hecken gepflanzte Labyrinth wurde ganz in der Nähe von hier, in Verona, im Jahr 1570 angelegt. Seither sind solche Gartenlabyrinthe in ganz Europa zu finden und erfreuen sich bei den Besuchern großer Beliebtheit.

Von der Straße mit der Bushaltestelle in **Valeggio sul Mincio (1)** geht man durch ein Tor nach rechts zu den Kassen. Gleich nach dem Eingang befindet sich rechts ein Kiosk, wo man kleine Imbisse, Eis und Getränke kaufen kann. Hier liegt auch die Abfahrtsstelle des Bummelzuges, mit dem man eine Rundfahrt durch den Park unternehmen kann.

Wenn wir uns zu Fuß auf Erkundung machen, gehen wir am Südende des großen Autobusparkplatzes nach links und nehmen einen schmäleren, aber schattigen Weg, auf dem man an einer Picknickwiese vorbei zu den surrealistisch geschnittenen **Buchsbäumen (2)** gelangt. Man kreuzt einen Pflasterweg und spaziert auf einem schmalen Waldweg geradeaus weiter auf einen Hügel zu. Schon bald sieht man eine kleine Kapelle genau vor sich auf der Anhöhe. Man kann entweder über Stufen direkt hinaufsteigen, oder bei zwei kleinen Teichen davor rechts gehen, um einem Waldweg im Zickzak ebenfalls hinauf zu dem Gebäude zu folgen.

Wir bleiben auf der Anhöhe und halten uns nach links, um nun zuerst eben, dann wieder leicht bergauf den **Aussichtspunkt der zwei Kaiser (3)** (Poggio dei Due Impera-

Am Aufstieg zur kleinen Kapelle.

Der Seerosenteich beim Labyrinth.

tori), den höchsten Punkt der Parkanlage, zu erreichen. Hier befindet sich auch eine Sonnenuhr.

Wir folgen dem für Fahrräder und Golfcarts ausgeschilderten Weg rechts entlang eines Geländers, dann links steil bergab ins Tal der Damhirsche mit einem großen Tiergehege.

Nun immer weiter auf dem gepflasterten Weg geht es hinunter zum tiefsten Punkt der Anlage, wo sich der **Lehrbauernhof (4)** (Fattoria Didattica; Imbiss, WC, Rastbänke) mit einem Tiergehege mit Eseln, Schafen, Ziegen, Hühnern, Enten und Truthähnen befindet.

Weiter auf dem Weg, der im Tal des Mincio zwischen der Außenmauer des Gartens und dem Berghang verläuft, kommen wir an einem weiteren Ziegengehege vorbei. Danach geht es wieder bergauf, und wir erreichen einen Kräutergarten, bei dem sich der Weg um 180 Grad nach links biegt. Ihm folgend passieren wir einen Trinkbrunnen und kommen hinauf auf eine Anhöhe, auf der sich rechts das **Labyrinth (5)** befindet, während links oben auf einem Plateau zwei Teiche mit verschiedenfarbig blühenden Seerosen liegen.

Nach dem Besuch des Labyrinths können wir rechts bergab einen etwa 200 m langen Abstecher zu einer künstlichen Grotte machen, bevor wir nach Norden entweder links

Am Aussichtspunkt der zwei Kaiser.

oder rechts einer großen Wiese zum **Restaurant (6)** in der Mitte des Parks spazieren.

Von hier folgt man dem Pflasterweg rechts bergab und gelangt wieder hinunter ins Tal, in dem man geradeaus weiter bis zur Außenmauer des Parks geht. An dieser entlang nach rechts kommt man an mehreren Brunnen vorbei wieder zurück zum Kiosk in der Nähe des Eingangs und zur Bushaltestelle in **Valeggio sul Mincio (1)**.

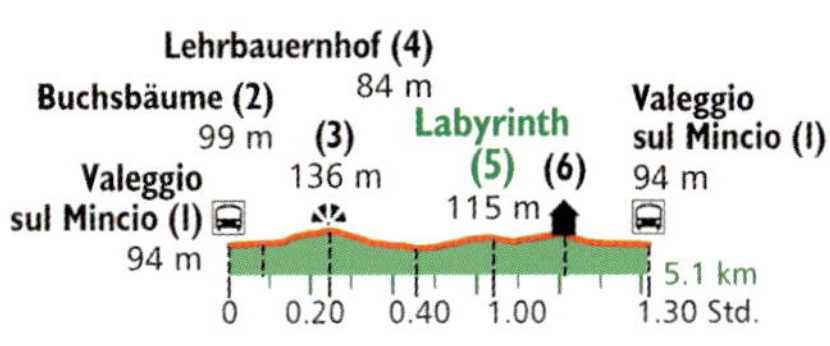

25 Nasses Vergnügen im Südwesten

Besuch in den Wasserparks Cavour und Le Vele ab 3 J.

Die Geschmäcker, was Badevergnügen angeht, sind ja bekanntlich sehr verschieden. Suchen die einen eher Entspannung und genießen es, im Schatten am Strand zu liegen und sich ab und zu im Wasser abzukühlen, kann es den anderen auf möglichst vielen Wasserrutschen gar nicht wild genug zugehen. Gut, dass es im Südwesten des Gardasees zwei sehr gegensätzliche Aquaparks gibt, in denen sowohl die einen als auch die anderen auf ihre Kosten kommen. Während der Wasserpark Cavour durch seine parkähnliche Landschaft und die einzigartigen Becken mit natürlichen Sand- und Kiesstränden besticht, weist der größte Wasserpark Italiens, Le Vele, eine beeindruckende Vielzahl von Wasserrutschen auf.

a) Parco Acquatico Cavour

KURZINFO

Anfahrt: Auf der Straße SR 249 von Peschiera nach Valeggio sul Mincio und dann weiter der Beschilderung zum Parco Acquatico Cavour folgen. Wer von der Brennerautobahn A 22 kommt, fährt bis zur Ausfahrt Verona Nord und folgt von dort der Beschilderung Richtung Villafranca und weiter Richtung Valeggio. (Navi: 37067 Valeggio sul Mincio, Località Ariano).
Altersgruppe: Ab 3 Jahren.
Öffnungszeiten: Anfang Juni bis Anfang September täglich 10–19 Uhr.
Kosten: Kinder (3–10 Jahre) 18 €, Erwachsene Juni und Juli 25 €, August und September 26 €. Nachmittagskarten ab 14.30 Uhr für Kinder 12 €, für Erwachsene 17 €. Schließfach, Parkgebühr und Sonnenliegen jeweils 3 € für den ganzen Tag.
Besuchsdauer: ½–1 Tag.
Einkehr: Sieben verschiedene Bars und Imbisslokale, darunter eine Créperie, und zwei Fast-Food-Restaurants. Auf den Liegewiesen dürfen auch mitgebrachte Speisen und Getränke konsumiert werden.
Informationen: Parco Acquatico Cavour, Tel. +39 045 7950904, parcoacquaticocavour.it

Der älteste Wasserpark am Gardasee hat eigentlich als ganz normales Schwimmbad begonnen und ist in einem Zeitraum von 40 Jahren enorm gewachsen. Wie kein anderer stellt er an sich selbst den Anspruch, perfekt in die Natur eingebettet zu sein. Und das ist hier tatsächlich gelungen. Das Besondere an diesem Park ist vor allem das Ambiente. Andere Parks mögen mehr und vor allem »wildere« Wasserrutschen haben, aber hier ist alles grün und blüht. Auf die gärtnerische Gestaltung hat man großen Wert gelegt. Hunderte Palmen verleihen dem Park ein exotisches Flair. Dazwischen gibt es riesige Liegewiesen, auf denen es selbst bei starkem Besucherandrang nie zu voll wird und auf denen sich dank des dichten Baum- und Palmenbestandes immer noch irgendwo ein schattiges Plätzchen findet.

Sowohl bei kleinen als auch bei größeren Kindern ist »Robinsons Beach« sehr beliebt, der sich rechts vom Eingang befindet. Durch den Bug

Im »Rain forest« kann man leicht im Wasser landen.

eines Schiffes hindurch geht man in diese Spiellandschaft, in der es drei Wasserrutschen und ein großes Becken mit Sandboden gibt. Aber auch an der entgegengesetzten Seite des Areals können sich die Kinder austoben: Im »Paradise Island« gibt es mehrere lange Rutschen, ein Becken mit Sandboden, und – was allen besonderen Spaß macht – den »Rain Forest«, wo man über im Wasser schwimmende Baumscheiben ans andere Ufer balancieren muss.

Wer etwas wildere Rutschen sucht, wird beim »Iceberg« oder beim »Kamikaze« fündig. In beiden Fällen kann man auch um die Wette rutschen, da es hier mehrere Rutschbahnen parallel gibt. Zwischen beiden Rutschen erstreckt sich eine Wasserspiellandschaft, deren Hauptattraktion ein riesiger Wassereimer ist, der sich langsam füllt und dann mit einem gewaltigen Schwall über die darunter Wartenden ergießt.

Wer es ruhiger haben will oder wer einfach nur schwimmen möchte, ist an der »Spiaggia Mare« richtig. Dabei handelt es sich um ein großes, naturnah, eher wie ein Teich gestaltetes Becken mit Boden und Strand aus Kies. Ein großer Whirlpool sowie ein wunderschön im Stil einer römischen Therme gestalteter Kneipppfad runden das Angebot ab.

Eine weitere Besonderheit des Parks soll auch noch erwähnt werden: Mehrere Becken (Robinson's Beach, Paradise Island, der Kneipppfad und das Hydromassagebecken) werden mit Ozon statt mit Chlor desinfiziert. Das ist geruchlos und brennt nicht in den Augen.

Für das leibliche Wohl wird im Park ausreichend gesorgt. Es gibt mehrere Kioske mit unterschiedlichem Angebot, aber auch ausreichend Picknicktische, an denen man selbst mitgebrachtes Essen konsumieren kann. Alles in allem ist dieser Park ideal für Ruhesuchende und Familien mit kleineren Kindern, die mehr Wert auf angenehme Atmosphäre legen und keine allzu wilden und spektakulären Wasserrutschen suchen.

b) Parco Acquatico Le Vele

KURZINFO

Anfahrt: Man nimmt die Autobahn A4 bis Brescia und von dort die A21 Richtung Cremona bis zur Ausfahrt Manerbio. Ab dort ist die Zufahrt zum Aquapark Le Vele bereits beschildert (Navi: N45.285478, E10.172335).
Altersgruppe: Ab 4 Jahren.
Öffnungszeiten: Von Mai bis September täglich 10–19 Uhr.
Kosten: Kinder unter 1 m gratis, unter 1,40 m 21 € ganztags/16 € ab 15 Uhr, Erwachsene 27 € ganztags/21 € ab 15 Uhr. Parkgebühr 5 €/Tag.
Besuchsdauer: ½–1 Tag.
Einkehr: Es gibt im Park zwei Imbisslokale. Auf den Liegewiesen und Bänken dürfen auch mitgebrachte Speisen und Getränke konsumiert werden.
Informationen: Parco Acquatico Le Vele, Tel. +39 030 9934032, parcoacquaticolevele.it

Der Wasserpark Le Vele – was übersetzt so viel wie »Die Segel« bedeutet – rühmt sich damit, der größte von ganz Italien zu sein, was – flächenmäßig betrachtet – sicherlich der Fall ist. Hier gibt es insgesamt elf Schwimmbecken unterschiedlicher Größe, großzügige Liegewiesen und auch zahlreiche Picknicktische, sodass man nicht unbedingt einen der rund 1000 Sonnenschirme oder einen der überdachten Pavillons mieten muss, die es in großer Anzahl quer über das Gelände verteilt gibt. Wenn man mit Kindern hier ist, wird man ohnehin nicht lange Zeit haben, im Schatten herumzuliegen, denn es gibt eine große Auswahl an Rutschen und anderen Attraktionen. Praktisch ist, dass sich der Großteil davon recht zentral nahe dem Eingangsbereich gruppiert.

Gleich wenn man das Gelände betritt, befinden sich links Gänge mit Schließfächern, in denen man gegen Gebühr Wertsachen deponieren kann. Geht man von hier geradeaus weiter, befinden sich rechts drei unterschiedlich große Schwimmbecken mit den Bezeichnungen »Funny«, »Moby« und »Family«, in denen es mehrere auch für kleine Kinder geeignete Wasserrutschen gibt. Im hinteren Teil dieses Bereichs warten dann vier höhere und längere Wasserrutschen, zwei davon steil und gerade, eine sehr lange mit vielen Kurven und eine, die als geschlossene Röhre mit vielen Kringeln ausgeführt ist und für deren Benutzung man sich zuerst am unteren Ende einen der bereitliegenden Gummireifen holen muss.

Geht man auf dem Hauptweg, der geradewegs vom Eingang wegführt, weiter, befindet sich rechts ein Shop und links eine Ladenzeile mit mehreren Imbissbuden. In dem Gebäude, in dem sich der Shop befindet, gibt es auch WCs, und an der Rückseite des Objektes liegt der Zugang zu einem überdachten Schwimmbecken, der sogenannten »Terme« (das Wasser darin ist allerdings nicht wärmer als im Rest der

Riesige Becken bieten genug Platz zum Schwimmen.

Ob mit oder ohne Reifen, Rutschen macht Spaß!

Becken) mit zwei künstlichen Wasserfällen. Links daneben befinden sich weitere, für größere Kinder und Jugendliche geeignete Wasserrutschen, für die zum Teil Mindestgrößen vorgeschrieben sind: Bei »Stukas« handelt es sich um eine extrem steile, schnelle und schnurgerade Rutsche, während »Big River« und »Black Tunnel« mit Reifen benützt werden und viele schnelle Kurven aufweisen. Der »Crazy Hill« ist erst ab einer Körpergröße von 1,30 m zugelassen und führt steil bergab, dann wieder bergauf über einen Hügel und dann nochmals bergab.

Weiter am Hauptweg gelangt man zu einer Beach Bar und, linker Hand, zu einer riesigen Poollandschaft mit drei Becken. Geht man daran vorbei geradeaus, kommt man in einen ruhigeren, schattigen Teil des Parks, in dem es Picknicktische unter Bäumen gibt. Hält man sich vor der Poollandschaft links, gelangt man zu einer weiteren Wasserrutsche namens »Speedy«, zum »Surfing Hill« (mehreren sehr langen, flachen und mit Reifen zu benützenden parallelen Rutschen) und, hinter diesem, zum »Rain Forest«. Dabei handelt es sich um einen großzügigen Spielbereich mit zahlreichen Sprühfontänen, Wasserkanonen und riesigen Eimern, die sich langsam füllen und dann in einem Schwall über die darunter Wartenden ergießen.

Rund um diesen Bereich herum gibt es großzügige Liegewiesen, und wenn man auf dem Weg links um den Wasserspielbereich herumgeht, kommt man noch zu den letzten beiden verbleibenden Attraktionen, dem »Rainbow« (eine Fläche, auf der in unregelmäßiger Folge Wasserstrahlen senkrecht in die Höhe steigen) und dem »Piranha River«, einem mehrfach verzweigten Wildwasserkanal, der mit großen Plastikreifen benutzt wird.

26 Im Reich der Lotosblätter

Schifffahrt durch die Sumpflandschaften des Mincio ab 4 J.

Eines der schönsten Naturschutzgebiete Norditaliens befindet sich an den Ufern des Flusses Mincio, der den Gardasee bei Peschiera verlässt, die Stadt Mantua durchfließt und schließlich in den Fluss Po mündet. Bei beschaulichen Fahrten mit Elektrobooten kann man dieses Paradies näher kennenlernen und dabei zahllose interessante Tier- und Pflanzenarten bestaunen.

KURZINFO

Ausgangspunkt: Rivalta sul Mincio (Navi: 46040 Rivalta sul Mincio, Via Porto) oder Grazie (Navi: 46010 Grazie, Curtatone, Piazzale Santuario).
Anfahrt: Auf der Straße SR 249 von Peschiera nach Süden bis Roverbella, dort auf der SP 17 über Marengo nach Goito und weiter auf der SP 23 nach Rivalta bzw. Grazie. Alternativ dazu kann man auch die Brennenautobahn A 22 bis Mantua nehmen und dann auf der SP 10 nach Grazie fahren.
Ausrüstung: Leichte Schuhe oder Sandalen, Sonnen- und Regenschutz, Fernglas zur Beobachtung der Vögel.
Altersgruppe: Ab 4 Jahren.
Besuchszeit: ½ Tag.
Kosten: Fahrpreis für bis zu 3 Personen 40 € für das gesamte Boot, bei mehr als 3 Personen 12 € für Erwachsene, 8 € für Kinder (4–12 Jahre), Kinder unter 4 Jahren gratis. Parkplatz gratis.
Einkehr: Bei der Anlegestelle in Grazie gibt es einen Kiosk, in Rivalta eine Bar. Weitere Lokale im Zentrum der beiden Ortschaften.
Informationen: Navigazione Mincio, Tel. +39 0367 681121 oder +39 347 4913437, navigazionemincio.it.

Hallo Kinder,

im Sommer, wenn die Lotosblumen die Uferzonen des Mincio in ein rosafarbenes Blütenmeer verwandeln, denkt kaum jemand daran, dass diese Pflanzen hier eigentlich nichts verloren haben. Sie wurden nämlich erst im Jahr 1921 als Ziergewächse eingeführt und breiten sich seither auf dem Mincio unaufhaltsam aus. Damit verdrängen sie immer mehr die hier heimischen Wasserpflanzen wie Seerosen oder Wasserkastanien. So sehr die Einschleppung dieser ursprünglich aus Indien stammenden Pflanze aus ökologischer Sicht bedenklich ist, so sehr hat sie sich zum Vorteil des Tourismus ausgewirkt, denn wo sonst kann man in Europa derartige Mengen an Lotosblüten sehen? Wobei die größte Faszination bei den Lotospflanzen eigentlich gar nicht von der – zugegebenermaßen sehr hübschen – Blüte ausgeht, sondern von den auf den ersten Blick eher unscheinbaren grünen Blättern, die auf dem Wasser treiben. Probiert es bei einer der nahe am Ufer wachsenden Pflanzen aus: Taucht eure Hand ins Wasser und lasst einige Tropfen auf die Oberseite der Blätter fallen. Ihr werdet staunen!

Der einzige Fluss, der den Gardasee entwässert, ist der 73 km lange Mincio, in dessen mittlerem Teil sich eines der bedeutendsten Feuchtgebiete Italiens befindet. Wegen seiner besonders vielfältigen Flora und Fauna ist es schon seit 1971 als Vogelschutzgebiet ausgewiesen. Die beste Möglichkeit, diese herrliche Naturlandschaft kennenzulernen, ist eine Fahrt mit einem der Ausflugsboote, die – von Elektromotoren leise angetrieben – über das Wasser gleiten. Die Boote verkehren in der Hauptsaison täglich, trotzdem sollte man unbedingt vorher im Internet oder telefonisch die Abfahrtszeiten erfragen, weil sich diese ändern können, und auch einen Termin reservieren.

Für die Bootsfahrten gibt es zwei Ausgangspunkte: Das Besucherzentrum in Rivalta ist von der Hauptstraße des Ortes aus Richtung »Museo Etnografico« und »Centro Parco« beschildert. Man fährt auf einer schmalen Dorfstraße bergab, die bei einem Parkplatz endet. Hier befindet sich außer der Anlegestelle für die Boote auch noch ein kleines ethnografisches Museum in einem alten Bauernhaus. Außerdem gibt es einen Spazierweg, der ein Stück entlang des Ufers zu einer Holzbrücke führt, mehrere Picknickbänke und eine kleine Bar.

Die zweite Anlegestelle befindet sich im Ort Grazie. Es gibt einen großen gebührenfreien Parkplatz im Ortszentrum bei der Kirche. Von diesem geht man vor der Kirche rechts, durch einen Hausdurchgang hindurch und auf einem Asphaltweg bergab in eine parkartige Landschaft am Ufer des Flusses. Auch hier gibt es Picknickbänke sowie einen kleinen Kiosk, an dem man die Bootsfahrten buchen kann. Hier kann man die faszinierenden Lotospflanzen sogar direkt vom Ufer aus sehen.

Der Lotos blüht im Juli und August.

Die Bootsfahrt durch das Sumpfgebiet dauert etwa 1.30 Stunden und führt durch verschiedene kleine und größere Kanäle hinaus auf einen größeren See, den Lago Superiore. Die faszinierende Landschaft mit den vielen Flussarmen und insgesamt drei Seen ist in der heutigen Form übrigens erst im 12. Jahrhundert entstanden, weil man damals Dämme angelegt hat, um die Stadt Mantua vor Überflutungen zu schützen. Seither haben hier viele Tier- und Pflanzenarten ein Zuhause gefunden. Unzählige Wasservögel wie verschiedene Reiher- und Entenarten, Schwäne, Lappentaucher, Kuckuck, Bartmeisen und Rohrweihen kann man mit etwas Glück erspähen – natürlich nur, wenn man sich still verhält. Wer ein Fernglas besitzt, sollte dieses bei der Bootsfahrt unbedingt immer griffbereit halten.

Der Osten und Südosten

Das Ostufer des Gardasees wird in erster Linie vom mächtigen, aus mehreren Gipfeln von teilweise über 2000 Metern Höhe bestehenden Gebirgszug des Monte Baldo beherrscht, der den See vom Flusstal der Etsch trennt. Sowohl sein Gipfelbereich als auch die steilen Westhänge bieten einige schöne Wandermöglichkeiten mit teilweise spektakulären Ausblicken auf den See (siehe Tour 29). Durch die Seilbahn, die von Malcesine hinauf zum Bergpass Tratto Spino auf rund 1750 m Höhe führt, ist der Monte Baldo zu einem beliebten Wander- und Ausflugsziel geworden – so beliebt, dass an schönen Wochenenden die Ausflügler zwischen der Seilbahnstation und einem nahegelegenen Aussichtspunkt in Kolonnen unterwegs sind. Aber auch weiter unten an den Hängen des Berges finden sich einige schöne Wandermöglichkeiten, wie zum Beispiel in die sehenswerte Schlucht Val Torrente oberhalb von Brenzone (siehe Tour 28).

Während hinter den Orten Malcesine, Brenzone oder Torri del Benaco die Hänge des Berges steil ansteigen, sind die Ufer weiter im Süden, bei den Ortschaften Garda, Bardolino und Lazise flach, und das Hinterland ist von sanften Weinbergen geprägt. Wer nur zum Wandern an den Gardasee fährt, sollte seinen Stützpunkt ebenso wenig hier wählen wie jemand, der auf größtmögliche Ruhe und Erholsamkeit Wert legt. Der südöstlichste Zipfel des Sees gehört nämlich ganz den sonnenhungrigen Badeurlaubern und denjenigen, die eher Spaß, Nachtleben und Unterhaltung als Beschaulichkeit suchen. Es ist sicher kein Zufall, dass sich in dieser Ecke des Sees praktisch alle bekannten und belieb-

Die Scaligerburg thront eindrucksvoll über Malcesine.

Alpaka-Wanderungen am Plateau des Monte Baldo (Tour 29).

ten Freizeit- und Vergnügungsparks befinden.
Wer mit Kindern unterwegs ist, wird die Nähe zu diesen Attraktionen dafür umso mehr zu schätzen wissen. Sowohl der beliebteste Aquapark der Region, der mit einer Unzahl von Wasserrutschen und Attraktionen für die ganze Familie punktende Aquapark Caneva (siehe Tour 34), als auch der direkt benachbarte Movieland-Park (siehe Tour 35) stellen beliebte Ausflugsziele dar. Sie liegen in unmittelbarer Nähe des Seeufers, ebenso wie der mit Abstand größte und beliebteste Vergnügungspark ganz Italiens, Gardaland (siehe Tour 36). Letzterem ist auch noch ein großes Aquarienhaus angeschlossen, dessen Besuch man sich nicht entgehen lassen sollte.
Wer sich mehr für Land- als für Wasserlebewesen interessiert, dessen Herz wird beim Besuch des Tierparks Natura Viva höherschlagen (siehe Tour 33). Diesen kann man nicht nur zu Fuß durchqueren, sondern es gibt auch einen Bereich, in dem man mit dem Auto mitten durch die Gehege fahren kann, als wäre man in Afrika auf Safari.

Das Gardaland gehört für Kinder zu den Höhepunkten (Tour 36).

Die Ponte di Veja ist ein einzigartiges Naturwunder (Tour 39).

Für Ausflüge, die etwas weiter vom Gardasee weg führen, bietet sich die Stadt Verona mit ihrem historischen Stadtzentrum und ihren mächtigen Stadtmauern an. Aber auch die Hügellandschaft nördlich davon, die Valpolicella, gehört zu den empfehlenswerten Ausflugszielen. Dort finden sich mit der phänomenalen Felsbrücke Ponte di Veja (siehe Tour 39) und dem Wasserfallpark von Molina (siehe Tour 38) zwei absolute Top-Ziele, die man sich trotz der etwas längeren Anfahrt nicht entgehen lassen sollte.

Die Strände und Badeorte im Osten und Südosten

Im Osten und Südosten liegen auch einige der schönsten und beliebtesten Badestrände, zum Beispiel in den Orten Garda und Bardolino. Hier ist das Wasser durchwegs flach und für kleine Kinder geeignet; die Wassertemperatur liegt deutlich höher als im Norden des Sees, dafür ist das Wasser eher trüb, und vor allem nach Gewittern und Regenfällen muss man sich oft durch einen Dschungel von an der Oberfläche treibenden Wasserpflanzen kämpfen, um ins tiefere Wasser zu kommen. Wer klareres Wasser bevorzugt und dafür niedrigere Wassertemperaturen in Kauf nimmt, wird in den Orten Torri del Benaco, Pai, Brenzone oder Malcesine fündig.

Im nördlichen Teil, zwischen Malcesine und der Landspitze Punta San Vigilio, sind die Ufer steiler und die Strände meist nur schmal, dennoch findet sich überall ein schönes Plätzchen, um ins Wasser zu gehen: Bei Malcesine sind dies die Strände Navene ein paar Kilometer nördlich des Zentrums, der Lido Paina unmittelbar im Norden der Altstadt oder die südlich des Zentrums gelegenen traumhaften Strände Val di Sogno und Lido di Sopri.

Etwas weiter südlich bei Brenzone finden sich sogar einzelne kleine Buchten mit Sandstrand, die allesamt gratis zugänglich sind. In Torri

Riovalli ist nur einer von mehreren Wasserparks im Südosten.

del Benaco gibt es sowohl einen frei zugänglichen Strand (Baia Stanca nördlich des Zentrums) als auch einen gebührenpflichtigen (Lido Brancolino zwischen Torri und der Landspitze Punta San Vigilio).

Einer der beliebtesten, aber teuersten Strände des Gardasees ist die »Bucht der Sirenen«, die Baia delle Sirene, an der Punta San Vigilio (siehe Tour 31). Er gehört zum Gebiet der Stadt Garda, in der es auch zwei weitere kostenlose Strände gibt, den bezaubernden, sehr sauberen und langen Strand Il Corno nördlich des Zentrums und den Strand La Cavalla an der Promenade zwischen Garda und Bardolino.

Auch in Bardolino hat man die Wahl zwischen kostenfreien Stränden und dem bewirtschafteten Strandbad Lido Mirabello. Zwischen Bardolino, Cisano, Lazise und Peschiera schließlich reiht sich ein Strand an den anderen.

Hallo Kinder,

sicherlich habt ihr schon einmal von der Geschichte von Romeo und Julia gehört. Und selbst wenn nicht – bei einem Besuch der Stadt Verona werdet ihr nicht um diese beiden Namen herumkommen. Selbst in einem der größten Einkaufszentren heißen die beiden Parkdecks nicht etwa »Nord« und »Süd«, sondern »Romeo« und »Giulietta« (die italienische Form des Namens Julia). Dabei ist das meiste rund um die tragische Geschichte der beiden Liebenden, die der große englische Dichter William Shakespeare verfasst hat, frei erfunden. Allerdings nicht von ihm selbst. Zu einer Zeit, als das Abschreiben aus fremden Werken noch weniger verpönt war als heute, hat Shakespeare den Stoff nämlich weitgehend aus einer Erzählung seines Landsmanns Arthur Brooke übernommen, der wiederum von einem Italiener namens Luigi da Porto abgeschrieben hat. Dieser war es, der den Liebenden die Namen gab und die Geschichte in Verona ansiedelte – wobei auch er den Stoff der Handlung nicht selbst erfunden, sondern aus älteren Überlieferungen bezogen hat. Das Haus mit dem berühmten Balkon, zu dem alle Touristen in Verona pilgern und auf dem Julia einst auf ihren Geliebten gewartet haben soll, ist übrigens der größte Schwindel von allen: Er wurde erst in den 1930er-Jahren an ein ehemaliges Stallgebäude angebaut und ziert damit gewiss nicht den Palazzo einer reichen Familie. Einmal ganz abgesehen davon, dass in Shakespeares Originaltext gar nicht von einem Balkon, sondern von einem Fenster die Rede ist.

27 Schatzsuche im Rätselschloss

Geheimnisvolle Botschaften im Castello di Avio ab 4 J.

Wer auf der Brennenautobahn nach Süden fährt, kann die mächtige Burganlage von Avio, die hoch oben an der westlichen Talseite des Etschtales thront, gar nicht übersehen. Und obwohl die Festungsanlage für sich schon einen Besuch wert wäre, hat man sich hier für die jungen Besucher etwas ganz Besonderes ausgedacht: Auf dem Burggelände versteckt gibt es zahlreiche Hinweise zu finden und Stempel zu sammeln, die man dann beim Verlassen der Burg gegen ein kleines symbolisches Geschenk eintauschen kann. Auch wenn die Texte nur auf Italienisch sind – das Suchen danach macht trotzdem großen Spaß.

Der mächtige Bergfried der Burg.

Hallo Kinder,

die Burg von Avio, in älteren Urkunden auch als Castello di Sabbionara oder in deutschsprachigen Schriften auch als Schloss Aue bezeichnet, ist eine der ältesten Festungsanlagen im Trentino. Seine wichtige strategische Bedeutung beruht darauf, dass man von der Burg aus das gesamte Etschtal überblicken und kontrollieren konnte. Damit wachte die Burg über einen der wichtigsten Verbindungswege zwischen dem Mittelmeerraum und dem Gebiet nördlich der Alpen. Die Straßenverbindung entlang der Etsch, über den Reschenpass, das Oberinntal und den Fernpass wurde bereits von den Römern im Jahr 15 vor Christus als »Via Claudia Augusta« angelegt. Die erste urkundliche Erwähnung der Burg stammt aus dem Jahr 1053, das heißt, die Burg ist schon fast tausend Jahre alt.

Von der Burg blickt man weit über das Etschtal.

KURZINFO

Ausgangspunkt: Parkplatz unterhalb der Burgruine von Avio (Navi: 38063 Avio, Località S. Antonio).
Anfahrt: Man nimmt von der Autobahn A 22 die Ausfahrt Avio und fährt in den Ort hinein: Die Zufahrt zur Burg ist ab der Ortsmitte beschildert. Von der Busstation von Avio geht man etwa 1 km zu Fuß zur Burg, vom Bahnhof (Bahnlinie Verona – Brenner) ca. 2,5 km.
Anforderungen: Burgbesichtigung auf gut befestigten, teils asphaltierten, teils geschotterten Wegen.
Ausrüstung: Leichtes Schuhwerk ist ausreichend. Trinkwasser und eventuell Proviant, wenn man nicht im Restaurant einkehren will. Es gibt in der Burg mehrere Rastbänke.
Altersgruppe: Ab 4 Jahren.
Besuchsdauer: ½ Tag.
Kosten: Eintritt für Erwachsene 8 €, Kinder unter 6 Jahren frei, 6–18 Jahre 5 €, Familien (2 Erwachsene + Kinder) 22 €.
Öffnungszeiten: Von März bis September Mittwoch bis Sonntag 10–18 Uhr, im Oktober und November 10–17 Uhr. Letzter Einlass 30 Min. vor Schluss.

Geheimnisvolle Dokumente warten auf ihre Entdeckung.

Einkehr: Restaurant/Bar im Eingangsbereich der Burg, mehrere Lokale im Ort Avio.
Informationen: Tel. +39 328 8756047, castellodiavio.it

Vom Parkplatz unterhalb der Burgruine haben wir zwei Möglichkeiten, zum Burgtor hinaufzusteigen: Entweder wir nehmen die bequeme Schotterstraße, die rechts in einer weiten Serpentine dort hinaufführt, oder wir gehen auf einem Fußweg hinauf, der am hinteren Ende des Parkplatzes an einer Rastbank vorbei in ein kleines Tal hineinführt. Die beiden Varianten, für die man jeweils ungefähr fünf Minuten benötigt, treffen vor dem Tor des Schlosses wieder zusammen. Durch ein mächtiges Torhaus betreten wir den untersten der drei Burghöfe, wo sich rechts ein kleines Gebäude befindet, in dem wir die Eintrittskarten kaufen und auch den Sammelbogen für das Suchspiel erhalten, das man für junge Besucher hier aufgebaut hat. Aber zugegeben: Auch die Erwachsenen haben ihren Spaß dabei, sich an der Suche zu beteiligen. Hier wird auch erklärt, wie es funktioniert: An insgesamt neun Stellen im Burgareal befinden sich schwarze Holzboxen mit einem Schlitz auf der Vorderseite und einem großen Knopf auf der Oberseite. Man führt den Papierbogen in den Schlitz ein, drückt fest auf den Knopf, und schon ist das Blatt an einer der neun vorgesehenen Stellen abgestempelt. Eigentlich gibt es abgesehen von den Stempelboxen auch noch andere Dinge zu suchen und zu entdecken: mysteriöse Briefe aus der bewegten Geschichte der Burg. Natürlich kann man auch nach diesen suchen, allerdings ist dieser Teil des Suchspiels nur wirklich interessant, wenn man über Italienischkenntnisse verfügt.

Nach der kurzen Erklärung kann es also losgehen, und – nein – hier wird sicher nicht verraten, wo sich die geheimnisvollen schwarzen Boxen verstecken. Nur so viel: Kaum eine davon ist wirklich leicht zu finden; man muss zum Teil schon sehr gut die Augen offen halten. Zunächst geht man durch den unteren Burghof, der schön mit Blumen und Weinlauben gestaltet ist, zum Wachhaus, in dem sich bereits geheimnisvolle Dokumente und Kästen verstecken können. Sehenswert ist hier vor allem das obere Stockwerk, in dem sich wunderschöne Fresken befinden.

Der weitere Weg führt nun nach links ansteigend hinauf zum Tor der Hochburg. Man gelangt in einen weiteren Hof, umrundet auf einem ansteigenden Weg den Bergfried und gelangt schließlich von der Rückseite her in den oberen Burghof. Gleich scharf rechts findet man die Überreste der einstigen Küche, in der noch gut die ehemaligen Kamine sichtbar sind. Links führt eine Stiege hinunter in die etwas unheimlichen ehemaligen Kellergewölbe der Burg. Von diesem Hof kann man auch in den Bergfried hinaufsteigen, dessen Holztreppe für nicht Schwindelfreie schon eine Herausforderung ist. Aber der Aufstieg lohnt sich, nicht nur wegen der Aussicht, die man von der obersten Plattform über das Lagarinatal genießt, sondern auch wegen der wunderbaren Fresken, die sich ein Stockwerk darunter im sogenannten Raum der Liebe befinden.

Nach der Besichtigung des Turmes folgt man dem Rundweg nun rechts aus dem inneren Burghof hinaus, über einen schmalen Weg, der wieder in die beiden äußeren Höfe hinunterführt. Auch hier sollte man nochmals die Augen offen halten, um die letzten Verstecke zu finden.

Schöne Fresken zieren das ehemalige Wachhaus.

Das richtige Abenteuer für kleine Burgfräulein.

Durch eine vergessene Welt

28

Wanderung durch das Val Torrente bei Brenzone

ab 8 J.

Wenn man an einem heißen Sommertag am Strand des Gardasees liegt, kann man sich kaum vorstellen, dass es nur wenige Kilometer vom Ufer ein verstecktes Tal gibt, in dem es selbst bei hohen Temperaturen erfrischend kühl ist und in dem man sich in eine andere Welt versetzt fühlt – so unterschiedlich wirkt die wilde Felsenlandschaft dort. Höhepunkt der Wanderung ist ein riesiger Felsen, der zwischen den senkrechten Wänden der Schlucht eingeklemmt ist.

Kraxeleinlage in der Schlucht.

KURZINFO

Ausgangspunkt: Parkplatz am Ortsbeginn von Sommavilla (Ortsteil von Assenza di Brenzone) (Navi: 37010 Brenzone sul Garda, Via Madonna degli Ulivi).
Anfahrt: Auf der Gardesana Orientale SR 249 bis Assenza di Brenzone, dort bei der ersten Abzweigung nördlich des Ortszentrums auf der Via del Loc rechts den Berg hinauf, ausgeschildert Richtung Sommavilla. Gleich am Ortsanfang, beim Ortsschild, befindet sich unterhalb der Straße der Parkplatz. Wer öffentlich anreist, fährt mit dem Bus bis zur Kirche von Assenza und geht dort über die Piazza S. Nicolò zur Kirche, dann links von dieser die Via degli Ivani bergauf. Nach einer Viertelstunde trifft man im hochgelegenen Ortsteil Sommavilla Pozzo auf eine Straße, auf der man links etwa 50 m zum Parkplatz, dem Ausgangspunkt für Autofahrer, trifft.
Anforderungen: Relativ kurze, aber steile und vor allem bei Hitze recht anstrengende Wanderung mit einer technisch gesicherten Kletterstelle. Nicht nach heftigen Regenfällen oder Gewittern begehen (Steinschlaggefahr).
Ausrüstung: Feste Wanderschuhe unbedingt nötig. Sonnenschutz für den ersten Teil des Weges. Unbedingt ausreichende Mengen Trinkwasser mitnehmen!
Altersgruppe: Ab 8 Jahren.
Gehzeit: 2.00 Std.; wer mit dem Bus anreist, muss für Hin- und Rückweg jeweils etwa 15 Min. zusätzlich rechnen.
Weglänge: Ca. 2,4 km, bei Anfahrt mit dem Bus etwa 3 km.
Höhenunterschied: 260 m.
Einkehr: Unterwegs keine; Ristorante Pizzeria Caprice im Ortszentrum von Assenza di Brenzone, direkt am Platz bei der Kirche.
Kosten: Parkgebühr 1,20 € pro Stunde, für einen vorgewählten Zeitraum im Voraus zu bezahlen.
Hinweis: Kein Handyempfang und schlechter GPS-Empfang in der Schlucht!

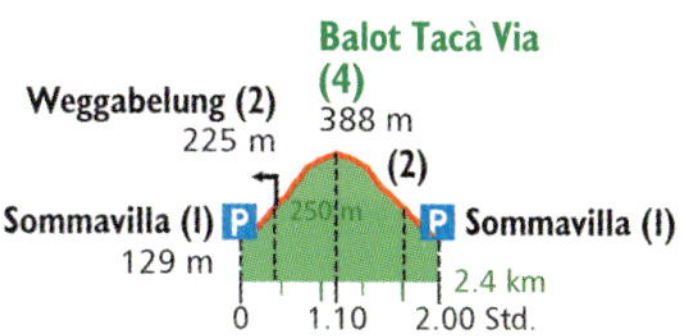

Keine Angst – der Felsen fällt sicher nicht herunter.

Am Parkplatz am Ortsbeginn von **Sommavilla (1)** steht bereits eine Orientierungstafel mit Informationen über verschiedene Wanderwege. Wir gehen von hier aus über Stufen ein Stück bergauf, dann auf einem Fußpfad zwischen zwei Steinmauern zur Kreuzung mit einer Schotterstraße. An dieser Stelle wandern wir, dem rot-weißen Wegweiser »Balot Tacà Via« folgend, einfach geradeaus weiter. Für wenige Meter, bis zur Einfahrt eines Privatgrundstücks, ist der Weg betoniert,

dann geht es auf einem Fußpfad entlang efeubewachsener Mauern zwischen Olivenbäumen bergauf. Vor uns ragt hoch und mächtig das Monte-Baldo-Massiv auf.

Nach etwa zehn Minuten knickt der Weg bei einem weiteren Wegweiser leicht nach links und führt in lichten Wald hinein. Es geht auf einem teilweise mit Steinen gepflasterten Weg für kurze Zeit sehr steil bergauf, dann ist links unterhalb von uns eine tiefe Schlucht sichtbar. Oberhalb von dieser steigen wir weiter aufwärts, erst noch steil, dann wieder flacher, und kommen zu einem Holzwegweiser, dem wir nach links folgen. Wir passieren ausgewaschene Wasserbecken links im Tal und gehen im Tal, nahe dem trockenen Flussbett, bergauf. Bei einer **Weggabelung (2)** fehlte 2017 zwar der Wegweiser nach links (lediglich in die Richtung, aus der wir kommen, zeigt ein Schild nach Sommavilla); hier nehmen wir nicht den breiteren Weg halb rechts, sondern den schmalen Pfad links bergab ins Tal. Das Flussbett wird unterhalb einer Steinmauer gekreuzt, dann folgen wir immer dem Talgrund bergauf. Hier ist der Weg nicht immer ganz eindeutig; meist verläuft er etwas oberhalb des Talgrunds, da man die Schlucht aber ab hier ohnehin nicht mehr nach links oder rechts verlassen kann, kann man sich nicht verirren.

Wie erreichen eine etwa zwei Meter hohe **Steinmauer (3)**, die von Weitem wie ein unüberwindliches Hindernis aussieht. Beim Näherkommen erkennen wir aber ganz am rechten Rand der Mauer metallene Trittstufen, über die wir nach oben klettern können. Mit dem Erklimmen der Mauer haben wir den engsten Teil der Schlucht erreicht. Auf einem Fußpfad steigen wir mal links, mal rechts des trockenen Flussbetts bergauf. Farne, von den Wänden hängende Lianen und mitten im Tal liegende Felsbrocken verleihen diesem Teil der Schlucht einen wildromantischen Charakter. Mal weitet sich das Tal etwas, dann wird es wieder ganz eng, und die senkrechten Felswände sind nur wenige Meter voneinander entfernt. Hier scheint die Zeit stillzustehen, und eine fast unwirkliche Ruhe geht von diesem Ort aus.

Schließlich erreichen wir das Ziel unserer Wanderung, den zwischen den Felswänden hoch über uns eingeklemmten Felsen **Balot Tacà Via (4)**. Unterhalb davon ist der Weiterweg durch einen anderen Felsen versperrt, unter dem sich eine kleine Höhle gebildet hat.

Wir kehren hier um und gehen auf dem gleichen Weg wieder zum Parkplatz in **Sommavilla (1)** zurück.

Blick auf Assenza mit der Isola del Trimelone.

29 Mit der Seilbahn hoch hinaus

Höhenwanderung am Plateau des Monte Baldo — ab 8 J.

Durch die Seilbahn, die von Malcesine hinauf zum Bergsattel Tratto Spino auf 1752 m Höhe führt, ist es schon seit über 50 Jahren auch für Touristen ein Leichtes, den fantastischen Ausblick vom Bergrücken des Monte Baldo hinunter auf den Gardasee zu genießen. Unsere Wanderung führt uns entlang des Bergkammes über den Aussichtsfelsen Cima della Colma zur Berghütte am Pass Bocca di Navene und von dort auf einem bequemen Schotterweg wieder zurück zur Seilbahnstation.

Die Kühe lassen es sich hier oben schmecken.

Hallo Kinder,

schon die Fahrt mit der Seilbahn auf den Monte Baldo ist ein ganz besonderes Erlebnis. Eigentlich handelt es sich um zwei voneinander unabhängige Seilbahnen: einem unteren Teil von Malcesine auf 99 m Höhe bis zur Mittelstation auf 562 m Höhe und dem oberen, bedeutend längeren Teil, der von dort bis zur Bergstation auf 1752 m Höhe führt. Die erste Seilbahn auf den Monte Baldo wurde schon im Jahr 1962 eröffnet und beförderte in knapp 40 Jahren bis zum Jahr 2001 insgesamt rund sechs Millionen Passagiere. Danach entschloss man sich dazu, statt einer Renovierung der alten Anlage einen kompletten Neubau durchzuführen. Die heutige Seilbahnanlage wurde im Jahr 2002 eröffnet und weist eine Besonderheit auf: Während die kleineren, für bis zu 45 Personen zugelassenen Gondeln der unteren Seilbahn sich nicht von denen der meisten derartigen Anlagen unterscheiden, drehen sich die größeren, bis zu 80 Personen fassenden Gondeln des oberen Seilbahnabschnittes während der Fahrt einmal im Kreis herum. Dadurch habt ihr – egal, wo ihr in der Gondel steht – immer irgendwann im Lauf der Fahrt einen Blick Richtung Gardasee und irgendwann Richtung Berggipfel. Die Fahrt mit der unteren Seilbahn dauert rund dreieinhalb Minuten, die mit der oberen Seilbahn etwa doppelt so lange, also sieben Minuten.

Von der Cima della Colma sieht man den ganzen Nordteil des Sees.

KURZINFO

Ausgangspunkt: Parkhaus bei der Talstation der Monte-Baldo-Seilbahn in Malcesine (Navi: 37018 Malcesine, Via Navene Vecchia 12).
Anfahrt: Auf der Gardesana Orientale SR 249 bis zum Kreisverkehr in Malcesine, dort den Berg hinauf bis zur nach wenigen Metern befindlichen Einfahrt des Parkhauses. Öffentlich bis zur Bushaltestelle im Zentrum von Malcesine, dann 5 Min. zu Fuß zur Seilbahn. Auch Anfahrt mit dem Schiff möglich, von der Anlegestelle etwa 15 Min. zur Seilbahn.
Anforderungen: Großteils bequeme Wanderung auf breiten Wegen, jedoch mit einem sehr steilen Abstieg auf einem schmalen Fußpfad.
Ausrüstung: Feste Wanderschuhe unbedingt nötig. Sonnenschutz sehr wichtig; fast die gesamte Tour verläuft durch unbewaldetes Gelände. Unbedingt ausreichende Mengen Trinkwasser mitnehmen.
Altersgruppe: Ab 8 Jahren.
Gehzeit: 2.00 Std.
Weglänge: 5,7 km.
Höhenunterschied: 370 m.
Einkehr: Imbiss in der Bergstation der Seilbahn, Trattoria Baita dei Forti neben der Seilbahnstation, Almhütte La Capannina und Berghütte Bocca di Navene.
Kosten: Berg- und Talfahrt mit der Seilbahn für Kinder unter 1,20 m gratis, bis 14 Jahre 15 €, Erwachsene 25 €. Mitnahme eines Kinderwagens oder eines Hundes jeweils 8 €. Parkgebühr in der Tiefgarage bis zu 3 Std. 4,50 €, 4 Std. 5,50 €, 5 Std. 6,50 €, 6 Std. 8 €, 7 Std. 10 €. Preise gelten für den Ticketkauf über die Webseite; am Schalter werden 2 € pro Ticket Aufschlag verrechnet.
Hinweis: Betriebszeiten der Seilbahn beachten! Erste Bergfahrt ist um 8 Uhr. Wer früh dran ist und das Ticket vor 9 Uhr kauft, erhält das Ticket für Erwachsene für die Berg- und Talfahrt ermäßigt. Prinzipiell zahlt es sich aus, früh aufzustehen; je später am Morgen, desto länger sind die Warteschlangen vor den Kassen, und Wartezeiten bis zu 1 Std. sind an schönen Tagen keine Seltenheit.
Bademöglichkeit: Nach der Tour kann man in Malcesine auch noch einen Strandbesuch einplanen.
Informationen: Funivia Malcesine Monte Baldo, Tel. +39 045 7400206, funiviedelbaldo.it/de/

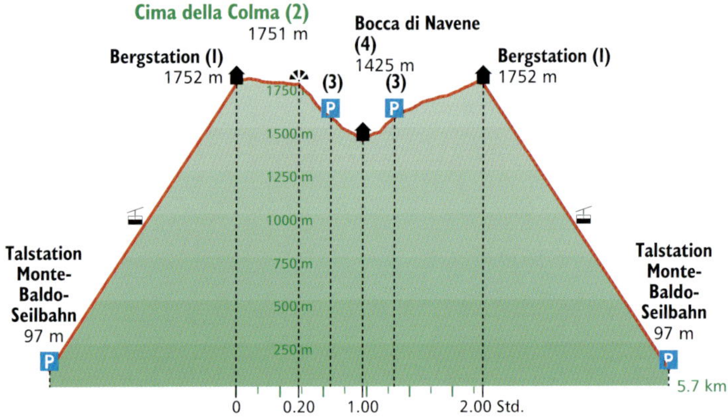

Nach der Auffahrt mit der Seilbahn können wir gleich von der Aussichtsterrasse bei der **Bergstation (1)** aus den wunderbaren Blick hinunter in die Tiefe auf den fast 1700 m unter uns gelegenen Gardasee genießen. Im Gebäude der Seilbahnstation ist ein Souvenirshop und ein kleines Restaurant untergebracht, direkt daneben gibt es ein weiteres Restaurants.

Wir gehen von der Bergstation in nördlicher Richtung auf einem breiten Schotterweg leicht bergauf auf eine Brücke zu, auf der ein Schlepplift unseren Weg überquert.

Wir kommen zu einer Almhütte, auf der es gleich die nächste Einkehrmöglichkeit gibt. Gegenüber befindet sich ein Gehege mit Alpakas. Bei einer Verkaufshütte dort kann man auch verschiedene Strickwaren aus Alpakawolle kaufen, und Kinder können hier auch auf Alpakas reiten. Von der Alm führt ein bequemer, ebener Grasweg über den Bergrücken weiter in nördlicher Richtung zu einem Aussichtspunkt, der **Cima della Colma (2)**, die einen unvergleichlichen Blick über den gesamten Nordteil des Gardasees und die umliegende Bergwelt bietet.

Von hier geht es auf einem anfangs sehr steilen Weg nach rechts bergab, und schließlich treffen wir auf eine Asphaltstraße. Hier folgen wir dem Wegweiser Richtung Boca di Naeve links bergab. Kurz darauf gibt es einen weiteren Wegweiser, bei dem der Sentier de Ventrar links abzweigt. Hier gehen wir weiter geradeaus. Kurze Zeit später treffen wir abermals bei einem **Parkplatz (3)** auf die Straße. Unterhalb des Parkplatzes zweigt nun in einer Rechtskehre wieder ein Fußweg halb links ab, der durch den Wald weiter bergab führt. Es geht im Zickzack steil über einen bewaldeten Rücken abwärts. Man trifft auf einen Fahrweg, kreuzt ihn aber nur und geht dann weiter durch den Wald, nicht mehr ganz so steil, bergab. Etwa eine Viertelstunde, nachdem man die Straße an der Rechtskehre verlassen hat, erreichen wir die wunderschön in einem Bergsattel gelegene, aber meist recht überlaufene Berghütte an der **Bocca di Navene (4)** – schließlich kann man mit dem Auto bis hierher zufahren.

Der Rückweg erfolgt nun zunächst auf dem gleichen Weg, den wir gekommen sind. Alternativ dazu kann man auch auf der Straße ein Stück nach Süden gehen und dann halb rechts die ansteigende Straße nehmen, die zu dem **Parkplatz (3)** führt, an dem wir am Hinweg vorbeigekommen sind. Ein Stück unterhalb von diesem, in der Kehre, treffen die Wege zusammen, und wir gehen über den Parkplatz bergauf. Nun bleiben wir aber auf der mit einer Schranke gesperrten Schotterstraße. Gemächlich geht es auf dieser bergauf und wir gelangen so wieder direkt zurück zur **Bergstation der Seilbahn (1)**.

Malcesine

Wer nach der Talfahrt mit der Seilbahn noch Zeit übrig hat und diese in einem wirklich bezaubernden Städtchen mit reizvollen alten Gassen, einer mächtigen Scaligerburg und einer Fülle von Eisdielen, Cafés und Restaurants verbringen möchte, der sollte der Altstadt von Malcesine unbedingt einen Besuch abstatten. Es gibt mehrere Parkhäuser und Parkplätze, wo man sein Auto abstellen kann, aber wer schon in der Garage der Seilbahn parkt, erreicht die Innenstadt auch von dort aus in weniger als fünf Minuten zu Fuß. Durch ein Stadttor gelangt man in die für den Autoverkehr gesperrten engen Gassen und sollte sich Zeit lassen, dort herumzustreifen und das Flair des Ortes auf sich wirken zu lassen. Eine Besichtigung wert ist das **Castello Scaligero**, von dessen 31 m hohem Turm sich ein grandioser Ausblick auf die Stadt bietet.

Öffnungszeiten: April u. Oktober tgl. 9.30–18.30 Uhr, Mai bis September tgl. 9.30–19.30 Uhr.

Eintrittspreise: Kinder bis 6 Jahre frei, Kinder 7–13 Jahre 3 €, Erwachsene 6 €. Es werden auch Kombitickets für Seilbahn und Scaligerburg angeboten (12 € Kinder, 18 € Jugendliche 14–18 Jahre, 25 € Erwachsene).

Infos: Tel. +39 045 6570333, visitmalcesine.com/de

Blick von der Scaligerburg auf den Gardasee.

30 Klettern durch den Dschungel

Im Hochseilgarten Jungle Adventure Park ab 3 J.

Der wahrscheinlich bekannteste und meistbesuchte Kletterpark im Nahbereich des Gardasees befindet sich etwas außerhalb des kleinen Ortes San Zeno di Montagna in den Ausläufern des Monte-Baldo-Massivs. Das liegt sicher zum Teil auch am massiven Werbeaufwand, der hier betrieben wird, denn kein anderer Kletterpark ist auf Plakaten selbst entlang der Schnellstraßen und in Form von überall aufliegenden Werbebroschüren so präsent. Es liegt aber vor allem auch an der leichten Erreichbarkeit von den Touristenorten am Süd- und Südostufer des Gardasees aus.

KURZINFO

Anfahrt: Vom Gardasee-Ostufer kommend fährt man bei Garda auf der SP 8 nach Costermano und dort den Wegweisern nach San Zeno di Montagna folgend auf der SP 9 bis ins Ortszentrum; in diesem folgt man den Schildern zum Jungle Adventure Park. Wer von anderswo kommt, nimmt die Brennerautobahn A 22 bis zur Ausfahrt Affi und folgt direkt ab dort der SP 9 nach San Zeno di Montagna (Navi: 37010 San Zeno di Montagna, Via Pineta Sperane).
Ausrüstung: Am besten Turnschuhe und bequeme Kleidung. Die Kletterausrüstung erhält man vor Ort.
Altersgruppe: Baby-Parcours ab 3 Jahren, zwei Routen ab 8 Jahren, eine ab 11 Jahren und zwei Routen ab 14 Jahren.
Besuchszeit: ½ Tag.
Kosten: Baby-Route 8 €, Grün und Violett je 16 €, Blau 20 €, Orange 23 €. Kombitickets für mehrere Routen sind deutlich günstiger, z. B. Violett + Grün 22 € oder Blau + Rot 30 €.
Öffnungszeiten: Von April bis Oktober täglich von 10–20 Uhr; letzter Kartenverkauf um 18 Uhr.
Einkehr: Es gibt direkt beim Kletterpark einen Imbiss. Weitere Lokale befinden sich im Zentrum von San Zeno di Montagna. Es gibt im Park auch Picknicktische, wo man selbst mitgebrachtes Essen konsumieren kann.
Informationen: Tel. +39 045 6289306, jungleadventure.it

»Dschungelabenteuer« am Gardasee? Zugegeben, statt Urwaldbäumen sind es hohe Kiefern und statt Lianen sind es Seile, auf denen man sich hier entlangbewegt, aber abgesehen davon passt die Bezeichnung des größten Hochseil-Kletterparks als »Jungle Adventure Park« recht gut. Der an den südlichen Ausläufern des Monte Baldo, oberhalb des kleinen und durchaus auch besuchenswerten Städtchens San Zeno di Montagna gelegene Kletterpark gehört zu den größten derartigen Anlagen Italiens und wird auch von Jahr zu Jahr weiter ausgebaut.

Es gibt einen großen Gratis-Parkplatz auf der anderen Straßenseite, der allerdings meist recht gut ausgelastet ist, weil er auch von Wanderern und Ausflüglern frequentiert wird. Wenn man den Park betritt, kommt man gleich an einem Imbiss vorbei; an der Rückseite des Gebäudes befindet sich die Kasse und die Ausgabe der Kletterausrüstung.
Insgesamt gibt es in diesem Park sieben verschiedene Kletterrouten, und natürlich erhält man eine gründliche Einschulung, bevor man zu klettern beginnt. Für die Allerkleinsten steht bereits ab 3 Jahren

Kletterspaß schon für die Kleinsten am »Baby-Parcours«.

die aus 15 Stationen bestehende »Baby«-Route zur Verfügung, die sich nur in etwa einem Meter Höhe befindet, sodass Erwachsene vom Boden aus assistieren können.
Für die schon etwas Größeren gibt es zwei Routen, die ab einem Alter von 8 Jahren bzw. einer Reichweite von 1,40 m (gemessen vom Boden bis zur ausgestreckten Hand) zugelassen sind. Die violette Route besteht aus 22 eher leichten, die grüne aus 11 eher schwierigen Stationen. Die längste Route des Parks ist die orangefarbene mit 32 Stationen. Sie ist für Kinder ab 10 Jahren geeignet. Die blaue Route kann man ab einem Alter von 11 Jahren oder einer Größe von 1,60 m (mit ausgestreckter Hand) in Angriff nehmen. Sie besteht aus 21 Stationen. Schon anspruchsvoller und schwieriger – und nur in Kombination mit anderen Routen buchbar – sind dann die jeweils ab einem Alter von 14 Jahren zugelassenen Routen Rot und Schwarz. Die erstere ist 22 Stationen lang, die letztere zwar nur 12 Stationen, aber die haben es in sich. Man befindet sich hoch oben in den Bäumen, und die Anforderungen an Geschicklichkeit und das Maß an Nervenkitzel sind bei dieser Route am höchsten.
Was es hier sonst noch gibt: Gegenüber vom Imbiss befindet sich ein großer Spielplatz, es gibt eine Minigolfanlage und, für diejenigen, die nicht mitklettern, einen botanischen Lehrpfad sowie einen langen Fitnesspfad, der um das Areal herumführt.

31 Zu den Graffiti aus der Bronzezeit

Herrliche Ausblicke bei der Punta San Vigilio — ab 8 J.

Eine interessante Wanderung kann man nördlich der Stadt Garda unternehmen. Auf den Felsplatten, die hier an mehreren Stellen frei liegen, haben Künstler in der Bronzezeit nämlich verschiedene, leider nicht sehr deutliche, Gravuren hinterlassen. Aber auch ohne diese wäre die Tour lohnend, bietet sie doch nicht nur einen wunderbaren Ausblick, sondern im Anschluss eine Bademöglichkeit an einem der schönsten Strände des Gardasees.

KURZINFO

Ausgangspunkt: Parkplatz an der Punta San Vigilio, Bushaltestelle (Navi: 37016 Garda, Via S. Vigilio 17).
Anfahrt: Auf der Gardesana Orientale SR 249 direkt bis 1,5 km nördlich von Garda. Dort auf einem der beiden Parkplätze parken. Oder per Bus mit der Linie 484 Riva del Garda – Garda.
Anforderungen: Problemlose, aber stellenweise – vor allem im Abstieg – recht steile Wanderung im unteren Bereich auf Fahrwegen, im oberen Teil auf schmalen Wanderwegen.
Ausrüstung: Feste, gut profilierte Wanderschuhe unbedingt nötig, da der Weg teilweise sehr steinig ist. Proviant und genügend Trinkwasser sowie Sonnen- und Regenschutz mitnehmen.
Gehzeit: 2.00 Std.
Weglänge: 5,5 km.
Höhenunterschied: 240 m.
Einkehr: Keine auf der Wanderung. Zahlreiche Lokale und Eissalons im Zentrum von Garda.
Bademöglichkeit: Die beiden Badestrände Baia delle Sirene und Parco San Vigilio sind nur bedingt zu empfehlen, da mittlerweile völlig überteuert (22 € bzw. 18 € pro Person)
Hinweis: Es gibt an der Punta San Vigilio zwei Parkplätze. Der an der Außenseite der Kurve ist gratis, aber morgens meist recht schnell voll. Der Parkplatz gegenüber, auf der Hangseite, ist gebührenpflichtig.

Blick auf die Punta San Vigilio mit der Baia delle Sirene.

Unterwegs am Aufstiegsweg zu den Graffiti.

Beginn der Tour ist an der **Punta San Vigilio (1)**. Wer auf dem unteren Parkplatz parkt, überquert die Straße, um zum oberen (kostenpflichtigen) Parkplatz zu gelangen. An dessen oberem Ende folgen wir einem Fahrweg immer links haltend am Rand eines Olivenhaines entlang. Wir kommen zu einem **Trafohäuschen (2)** und treffen unmittelbar hinter diesem auf einen breiten geschotterten Fahrweg, der unterhalb der Steinmauer eines Privatgrundstücks entlangläuft. Diesem folgen wir nun nach links und passieren einen wunderbaren Aussichtspunkt, von dem wir hinunter auf den See, die Landspitze Punta San Vigilio und den Badestrand Baia delle Sirene schauen können.

Die Straße biegt sich nach rechts und steigt jetzt leicht an. Wir erreichen eine Gabelung, bei der wir uns rechts halten und nun etwas steiler durch den Wald bergauf gehen. So stoßen wir auf einen Teerweg, dem wir etwa 200 m weit nach links folgen und zu einer Absperrung kommen, bei der sich auch eine ehemalige, nicht mehr lesbare **Orientierungstafel (3)** befindet.

Hier gehen wir halb rechts bergauf. Ein Wegweiser zeigt Richtung San Vigilio und zu den Graffiti. Auf diesem Weg kommen wir an einer von den Gletschern der Eiszeit glatt geschliffenen Steinplatte rechts des Weges vorbei. Wer hier genauer hinschaut, kann auf dem ersten Felsen mehrere eingravierte Schiffe erkennen. Ein Stück weiter gibt es eine zweite Felsplatte, die Roccia dei Cavalieri, in die – leider nur sehr schwer erkennbar – mehrere Ritter eingeritzt sind.

Der Blick reicht bis zur Halbinsel von Sirmione.

Der Fußweg ab der letzten Abzweigung ist steil und teilweise vom Regen tief ausgewaschen. Nach den Felszeichnungen wird er allmählich flacher und geht in einen Fahrweg über, der an einem Anwesen vorbeiführt. Wir kommen zu einem alten **Brunnen (4)**; wer dem Fahrweg daran vorbei weiter folgt, trifft nach 100 m auf eine Schotterstraße. Man kann diesen Umweg aber vermeiden, indem man rechts vom Brunnen einen steilen Fußpfad wenige Meter hinaufgeht und so gleich auf die Schotterstraße trifft. Auf dieser wendet man sich nun nach rechts. Wo die Straße nach rechts in ein Privatgrundstück hinein abzweigt, hält man sich links, 50 m weiter bei einem zweiten Privatgrundstück abermals links. Man folgt einem Wegweiser bergauf in den Wald hinein, in dem man aber schon nach knapp 20 m wieder zu einer Weggabelung kommt. An dieser geht man nun rechts leicht abwärts.

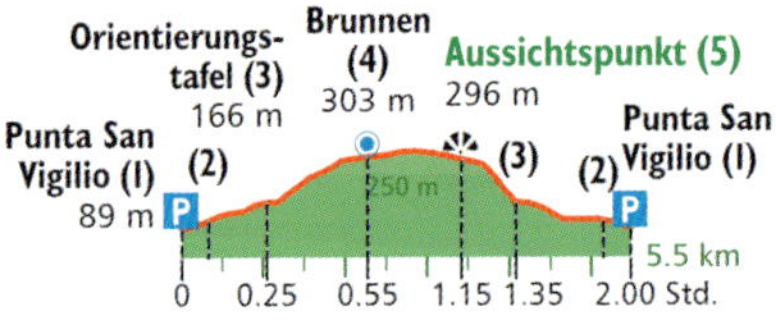

Man trifft auf einen breiteren Weg, dem man nach rechts, weiterhin bergab, folgt. Er biegt sich im Wald nach links und führt dann aus diesem heraus direkt zu einem fantastischen **Aussichtspunkt (5)**, von dem aus man einen herrlichen Blick auf die Bucht von Garda und den gegenüberliegenden Felsen der Rocca di Garda genießt.

Der Wanderweg führt nun weiter rechts bergab, nahe an einem Steilabbruch des Berges. Nach etwa 200 m kommt man zu einem zweiten Aussichtspunkt, an dem Besucher Dutzende Steinmännchen errichtet haben. Wir folgen weiterhin dem Felsabbruch auf einem eher flachen Weg und halten uns dann

Wer kann da widerstehen, selbst Steinmännchen zu bauen?

links auf einem steiler und steiniger werdenden Pfad bergab. Auf diesem gelangen wir zurück zur unleserlichen Orientierungstafel (3), die wir vom Hinweg kennen. Wer möchte, kann auf dem gleichen Weg zurückgehen, den wir gekommen sind. Alternativ dazu folgt man dem Teerweg immer geradeaus bergab. Man trifft am Rand eines Obstgartens auf einen Schotterweg, auf dem man sich rechts wendet und nochmals leicht bergauf geht. So gelangt man zurück zu der Abzweigung beim **Trafohäuschen (2)**. Von hier geht es auf dem bekannten Weg zurück hinunter zum Parkplatz an der **Punta San Vigilio (1)**.

Hallo Kinder,

mit dem Begriff Graffiti verbindet man heute ja vor allem mehr oder weniger künstlerische, mit Sprühdosen an Wände gemalte Bilder oder Schriftzüge. In seiner ursprünglichen Bedeutung ist das Wort die Mehrzahl des italienischen Wortes »graffito« und bezeichnete eine in den Stein geritzte Inschrift oder Figur. Von »einem Graffiti« und »mehreren Graffitis« zu sprechen, ist eigentlich falsch, es müsste »ein Graffito« und »mehrere Graffiti« heißen.

Dass Menschen irgendwo – sei es auf Felsen oder an Gebäuden – Inschriften oder Zeichnungen hinterlassen, ist natürlich kein Phänomen unserer Zeit. Die ersten Graffiti sind schon aus dem alten Ägypten überliefert, und auch zur Zeit der Griechen und Römer oder im Mittelalter war das »Verzieren« von Objekten mit privaten, eingekratzten Schriften keine Seltenheit. Und selbst wenn sich manche Leute damals genauso über Graffiti geärgert haben mögen wie heute Hausbesitzer, öffentliche Verkehrsunternehmen oder die Polizei: Für Geschichtsforscher stellen sie eine wichtige Quelle dar, die oft mehr Aufschluss über den Alltag der Entstehungszeit gibt als wertvolle Kunstwerke.

Die Schiffe sind gut erkennbar.

32 Auf einen legendenumwobenen Berg

Aufstieg auf die Rocca di Garda

ab 6 J.

Südlich der Stadt Garda ragt der knapp unter 300 Meter hohe Tafelberg La Rocca auf und bildet ein weithin sichtbares Wahrzeichen. Der Ausblick von seinem Plateau aus über den gesamten südlichen Gardasee ist überwältigend. Schon früh erkannte man die strategische Bedeutung des Felsens. Bereits im 5. Jahrhundert errichteten die Goten hier eine Befestigungsanlage, die lange Zeit als uneinnehmbar galt. Heute sind zwar auf dem Berg La Rocca nur mehr spärliche Mauerreste erhalten, das Panorama, dass man von oben genießt, macht den nicht sonderlich anstrengenden Aufstieg aber immer noch zu einer lohnenden Tour.

Eine der Höhlen neben dem Weg.

Hallo Kinder,

heute findet man auf dem Plateau der Rocca di Garda nur mehr wenige Überreste, die noch davon zeugen, dass sich hier immerhin über tausend Jahre lang eine mächtige Festungsanlage befunden hat. Bereits im 5. Jahrhundert waren es die Goten, die unter ihrem berühmten König Theoderich hier eine Festung errichten ließen. Lange Zeit galt diese wegen ihrer Lage auf dem steilen Felsen mit seinen nach drei Seiten hin senkrecht abfallenden Felswänden als uneinnehmbar. Erst im 16. Jahrhundert wurde die Festung von den Venezianern schließlich zerstört und danach nicht mehr aufgebaut.
Der Name Garda ist übrigens mit dem deutschen Wort »Garten« verwandt, das urspünglich einen mit Gerten abgesteckten, geschützten Bereich bezeichnete. Im Lauf der Zeit hat sich der Name also von dem geschützten Burgbereich auf die darunter liegende Stadt und schließlich auch auf den ganzen See übertragen, der davor – zur Zeit der Römer – als Lacus Benacus oder, später dann, als Benaco bezeichnet wurde.

Die Rocca bietet den schönsten Blick auf die Stadt Garda.

KURZINFO

Ausgangspunkt: Großer Parkplatz im Ortszentrum von Garda an der Via Cristoforo Colombo (Navi: 37016 Garda, Via Cristoforo Colombo 1).

Anfahrt: Auf der Gardesana Orientale SR 249 direkt bis nach Garda, dann der Beschilderung zum gebührenpflichtigen Parkplatz folgen. Garda ist auch mit den Linienschiffen sowie per Bus (zahlreiche Linien) erreichbar.

Anforderungen: Problemlose, aber stellenweise – vor allem im Abstieg – recht steile Wanderung auf steinigen, zum Teil mit Stufen befestigten Wegen.

Ausrüstung: Feste Wanderschuhe nötig, da der Weg teilweise sehr steinig ist. Sonnen- und Regenschutz sowie genügend Trinkwasser mitnehmen.

Altersgruppe: Ab 6 Jahren.

Gehzeit: 2.00 Std.

Weglänge: 3,8 km.

Höhenunterschied: 250 m.

Einkehr: Unterwegs keine; zahlreiche Lokale und Eissalons im Ortszentrum von Garda.

Bademöglichkeit: Im Anschluss an die Tour am Strand von Garda.

Hinweis: Achtung, am Aussichtspunkt fehlen Teile des Holzgeländers. Kleinere Kinder auf keinen Fall unbeaufsichtigt lassen!

Blick zur Punta San Vigilio.

Vom Parkplatz an der Straße Via Cristoforo Colombo in **Garda (1)** gehen wir auf der Hauptstraße, der Gardesana, südwärts bis zur Kirche **Santa Maria Maggiore (2)**. An der Straßenkreuzung davor folgen wir den Wegweisern der Wanderwege A und B durch eine schmale Gasse, die Via San Bernardo, nach Nordosten. Wir kommen an einem Friedhof vorbei und nehmen kurz hinter diesem die Abzweigung halb rechts, die Via degli Alpini. 70 m weiter gehen wir abermals halb rechts. Die Straße – immer noch asphaltiert – biegt sich jetzt nach rechts und geht in die Via de la Rocca über. Auf dieser kommen wir kurz nach einer Linkskurve zur Abzweigung einer Schotterstraße, auf der wir nach links gehen (in der Gegenrichtung zeigt an dieser Stelle ein Wegweiser bergab). Der Schotterweg führt uns zum Einfahrtstor eines Privatgrundstücks, das wir rechts am Zaun entlang im Wald umgehen. Dann gelangen wir zu einer **Abzweigung (3)**, bei der wir dem Schotterweg

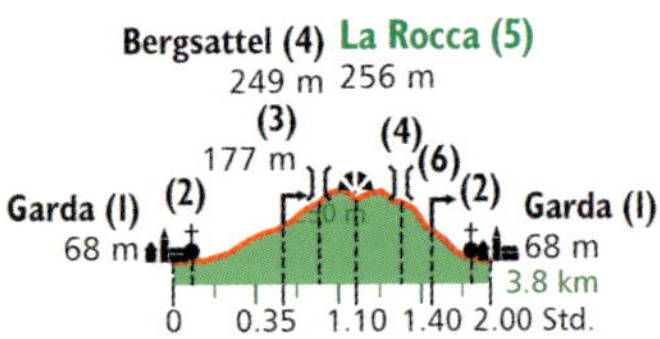

rechts bergauf folgen. Der Weg teilt sich nach etwa 50 m, wobei man hier beide Wege nehmen kann (der linke ist steiler). An der Kreuzung, an der sie wieder aufeinandertreffen, halten wir uns rechts bergauf und gelangen zu einem **Bergsattel (4)** mit mehreren Rastbänken.

Von hier steigen wir halb rechts einen steinigen, teilweise aus dem nackten Fels gehauenen Weg bergauf. Wir passieren mehrere Höhlen in der Felswand und gehen dann wieder leicht bergab über Wiesen zu einem **Aussichtspunkt (5)** am Steilabbruch der **Rocca di Garda**.

Links haltend wandern wir am Plateaurand entlang und folgen einem Weg, der immer wieder schöne Ausblicke auf den Ort Bardolino und den südlichen Teil des Sees bietet. Er führt uns vorbei an Mauerresten der ehemaligen Burganlage in einer weiten Schleife zurück zum Hinweg, auf den wir zwischen der ersten und zweiten Höhle treffen. Wir gehen bergab zum **Bergsattel (4)** und wenden uns hier scharf links. Auf einem steilen, mit Holzstufen befestigten Wanderweg steigen wir bergab und treffen nach etwa zehn Minuten auf das Ende einer **Asphaltstraße (6)**. Auf dieser wenige Meter nach rechts, oberhalb eines Wasserbehälters vorbei und gleich danach wieder links auf einem Waldweg steil bergab. Wieder geht es über Stufen abwärts, bis man schließlich auf die ersten Häuser von **Garda** trifft. Hier immer bergab hinunter zur Gardesana, auf der man wenige Meter nach rechts geht und wieder zur Kirche **Santa Maria Maggiore (2)** und auf dem bekannten Weg zum **Parkplatz (1)** zurückgelangt. Es lohnt sich, im Anschluss an die Tour noch dem Stadtzentrum einen Besuch abzustatten.

Zu Fuß und mit dem Auto ins Tierreich

Der Tierpark Natura Viva bei Bussolengo

ab 3 J.

Zwei Tierparks in einem – so kann man den Parco Faunistico Natura Viva am besten charakterisieren. Denn hier gibt es nicht nur einen weitläufigen, wunderschön in die Landschaft eingebetteten Zoo mit großen, nach Erdteilen angeordneten Gehegen, den man zu Fuß erforschen kann, sondern auch einen Safaripark, durch den man mit dem Auto hindurchfahren und dabei weitere Tiere in einem riesigen Freigelände beobachten kann.

Elenantilope im Safaripark.

KURZINFO

Anfahrt: Vom Ostufer des Gardasees auf der SP 5 von Lazise Richtung Pastrengo fahren und bei Bagnol rechts der Beschilderung zum Tierpark folgen (Navi: 37012 Bussolengo, Località Quercia).
Anforderungen: Spaziergang durch den Tierpark auf bequemen, großteils asphaltierten Wegen.

Ausrüstung: Leichtes Schuhwerk, Sonnenschutz, bequeme Kleidung.
Altersgruppe: Ab 3 Jahren.
Besuchszeit: ½–1 Tag.
Einkehr: Imbisslokale im Tierpark.
Öffnungszeiten: Von März bis Dezember. Zoo: täglich 9–18 Uhr, Safaripark Montag bis Freitag 9–15.30 Uhr, Samstag, Sonntag und an Feiertagen: 9.30–16 Uhr. Von Mitte Juni bis August ist der Tierpark freitags und samstags bis 21 Uhr geöffnet.
Kosten: Tagestickets gelten immer für Tierpark und Safaripark gemeinsam und kosten wochentags 17 € für Kinder (6–12 Jahre), 23 € für Erwachsene (bis 64 Jahre) und 20 € für Senioren. Kinder bis 5 Jahre gratis. Am Wochenende kostet der Eintritt 18 € für Kinder, 25 € für Erwachsene und 20 € für Senioren. Parkgebühr für Autos und Motorräder 2 € pro Tag, für Wohnmobile 5 € pro Tag."
Hinweise: Cabrios bzw. alle Fahrzeuge ohne festes Dach (also auch keine Stoffdächer!) dürfen nicht in den Auto-Safaripark!
Informationen: Parco Faunistico Natura Viva, Tel. +39 045 7170113, parconaturaviva.it

Ein Kahlkopfgeier.

Die Entscheidung fällt schwer: Soll man zuerst mit dem Auto durch den Safaripark rollen oder zunächst den Tierpark besuchen? Dafür, mit dem Auto zu beginnen, spricht, dass die Fahrt kürzer dauert, der Safaripark früher schließt und man sich so den Rest des Tages Zeit für den Tierpark nehmen kann.

Also: Gleich in die rechte Spur einordnen – die linke führt zum Parkplatz des Tierparks. Vor der Einfahrt stehen Schilder, auf denen man nochmals eindringlich auf die Sicherheitsbestimmungen hingewiesen wird. Das Öffnen der Fenster ist selbstverständlich streng verboten, es darf nur im Schritttempo gefahren und nichts getan werden, um die Tiere zu beunruhigen.

Die Straße führt dann durch ein Gittertor in den **Safaripark** hinein und in diesem in mehreren Schlangenlinien durch das gesamte Areal, sodass man wirklich Gelegenheit hat, an allen Tieren vorbeizukommen. Am Beginn fährt man durch ein steppenartiges Gebiet, in dem es verschiedene Antilopen, Zebras und Giraffen sowie Affen und Lemuren gibt. Auch Nashörner kann man hier sehen. Danach windet sich die Straße einen Hügel hinauf, und man kommt bei weiteren Antilopen und Somalischen Wildeseln vorbei. Dann geht es wieder bergab, und zum Abschluss der Runde kann man noch als Höhepunkt Hyänen, Löwen und Geparden entdecken.

Nach der Ausfahrt aus dem Safaribereich fährt man rechts zu einem der ausgeschilderten Parkplätze. Je nach Auslastung – also je nachdem, wie weit entfernt man parken muss – erreicht man in 5 bis 10 Minuten zu Fuß den Eingang des **Tierparks**.

Die Übersichtspläne, die man an der Information erhält, leisten gute Dienste. Es gibt einen ausgeschilderten und auch im Plan gekennzeichneten Rundweg, den man nehmen sollte, wenn man wirklich überall vorbeikommen und nicht unnötig hin- und herlaufen möchte. Denn: Die Entfernungen innerhalb des Geländes sind nicht zu unterschätzen – der Park erstreckt sich über eine Fläche von 42 Hektar.

Flusspferde bei ihrer Lieblingsbeschäftigung.

Im Safaripark fährt man wie durch die Steppen Afrikas.

Der Rundweg führt vom Eingangsgebäude mit den Kassen und dem Souvenirshop zunächst nach rechts. Dabei kommt man gleich zu Beginn an zwei Imbiss- und Getränkeständen, einem Picknickbereich und einem Self-Service-Restaurant vorbei. Als erstes führt der Weg nach »Afrika« (jeder Bereich des Parks ist einem bestimmten Kontinent oder Thema gewidmet), wo man unter anderem Löwen, Nashörner, Nilpferde und Schimpansen beobachten kann. Durch einen eigenen, der Insel Madagaskar gewidmeten Teil des Parks kommt man nach »Ozeanien«, das auf einem kleinen Rundweg vorbei an Keas, Emus und Wallabys durchquert wird. Anschließend führt der Weg wieder durch »Afrika« zurück zum Eingangsbereich mit den Bars und Imbissständen.

Der nächste Abschnitt ist Asien gewidmet. Kamele, Tiger, aber auch rote Pandas gibt es hier zu sehen. Beim Pfauengehege zweigt nach links ein Weg zum Fast-Food-Imbiss Manas ab, bei dem es auch einen Spielplatz und ein WC gibt. Wer jetzt noch nicht hungrig ist, kommt aber etwas später nochmals dort vorbei.

Weiter geht es in die Abteilung, die dem amerikanischen Doppelkontinent gewidmet ist. Von hier führt eine Abzweigung in einen eigenen, »Extinction park« genannten Bereich, in dem es ausschließlich um ausgestorbene Tierarten geht.

Nachdem man diesen besichtigt hat, geht man weiter durch »Amerika«, kommt nochmals am Fast-Food vorbei und kann danach das rechts des Hauptweges gelegene Regenwald- und das Reptilienhaus besuchen. Anschließend geht es durch einen kleinen, aber vor allem bei den Kindern beliebten Streichelzoo weiter in den Kontinent Europa. Hier kommen wir auf einem ansteigenden Weg entlang eines Hanges an einem weitläufigen Wolfsgehege sowie Luchsen, Wildkatzen und Muflons vorbei, bevor ein kleiner, nach rechts abzweigender Rundweg zu den Tieren des arktischen Klimas, Schneeeule und Rentier, führt. Abschließend spaziert man, vorbei an Bisons, Eulen und Geiern, wieder bergab in Richtung Ausgangs.

34 Die Südseewelt am Gardasee

Der Wasserpark Caneva in Fossalta bei Lazise ab 3 J.

Der »Stukas Boom« bietet das Erlebnis des freien Falls.

Welch ein Glück, dass die verschiedenen Wasserparks am Südufer des Gardasees so unterschiedlich sind! Dadurch findet man nämlich für jeden Geschmack etwas. Die einen bestechen durch viel natürliches Grün, die anderen durch spektakuläre Wasserrutschen – und dann ist da noch Caneva, der sozusagen das Beste von allen in sich vereint. Hier hat man sich sowohl bei der Gestaltung der Landschaft als auch der einzelnen Themenbereiche große Mühe gegeben, und die Vielzahl von Wasserrutschen lässt absolut keine Wünsche offen.

KURZINFO

Anfahrt: Man kann den Caneva Aquapark nicht verfehlen, wenn man auf der Hauptstraße entlang des Gardasee-Ostufers, der Gardesana Orientale, von Lazise Richtung Peschiera fährt. Die SR 249 führt direkt am Aquapark vorbei. Die Zufahrt zum Parkplatz ist mit riesigen Wegweisern ausgeschildert (Navi: 37017 Fossalta, Via Fossalta 56). Bushaltestelle der Linie Garda – Peschiera direkt beim Parkeingang; auf dieser Strecke verkehren auch eigene Shuttlebusse.
Ausrüstung: Badesachen, Sonnenschutz. Es gibt Garderobenkästchen mit Zahlencode, die beliebig oft geöffnet und geschlossen werden können.
Altersgruppe: Ab 3 Jahren.
Besuchszeit: 1 Tag.
Einkehr: Es gibt zahlreiche Imbissstände und Lokale im Park, bei denen man Getränke oder Eis, Waffeln und Crépes, Pizza, Burger, Pasta oder Kebab kaufen kann.
Kosten: Erwachsene 34 €, Kinder von 1 m bis 1,40 m Körpergröße 28 €, unter 1 m frei. Parkgebühr und Garderobenkästchen jeweils 6 € für den ganzen Tag.
Tipp: Es werden Kombikarten für Caneva und den Movieland-Park (Tour 35) angeboten, z. B. beide Parks am selben Tag um 42 €, je ein Tag pro Park um 44 € oder zwei Tage, an denen man beliebig zwischen den Parks wechseln kann, um 54 €. Karten unbedingt online kaufen!
Informationen: Tel. +39 045 6969 900, canevaworld.it

Wasser, Palmen, Spaß … im Caneva Aquapark ist das alles nicht nur im Überfluss vorhanden, sondern noch dazu wie in einem Themenpark gestaltet. Alle Gebäude, Imbissstände und Becken vermitteln den Besuchern den Eindruck, sich mitten in einem Südseeparadies zu befinden, in dem die Zeit irgendwann in den 1950er-Jahren stehen geblieben ist. Der Caneva-Wasserpark kann mit einigen Angeboten aufwarten, die es in anderen Parks am Gardasee nicht gibt: Als einziger verfügt er über einen »Lazy River«, einen Wasserkanal mit geringer Strömung, auf dem

Beim »Kamikaze« kann man miteinander um die Wette rutschen.

man sich mit einem Reifen treiben lassen und entspannen kann, sowie über ein »normales« Schwimmbecken, in dem man auch wirklich schwimmen kann. Zusätzlich gibt es auch ein großes Wellenbecken mit Sandstrand.
Auch bei den Rutschen gibt es hier zwei, die man anderswo nicht findet: Bei »Stukas Boom« steigt man in eine Kabine in 32 m Höhe, deren Boden sich unter einem öffnet, sodass man die ersten Meter im freien Fall nach unten stürzt. Beim »Water Jump« endet die Rutsche zwei Meter über dem Becken, sodass man durch die Luft ins Wasser segelt (beide Rutschen ab 1,40 m Körpergröße). Ebenfalls eine Mindestgröße von 1,40 m ist für die Wasserrutsche »Twin Peaks« vorgeschrieben, bei der man nach einem fast senkrechten Fall mit Schwung einen Hügel hinauf und auf dessen anderer Seite ein zweites Mal bergab rutscht. Der »Crazy River«, ein Wildwasserkanal, ist ab 1,30 m Körpergröße benutz-

In der »Windy Lagoon« haben schon die Kleinsten viel Spaß.

Aquapark Riovalli

Wenn der Wasserpark Caneva gerade einmal zu überlaufen ist oder man am Nachmittag nach einer anderen Aktivität noch einen kurzen Besuch in einem Aquapark einplanen möchte, eignet sich der preiswerte kleine, aber durchaus lohnende Wasserpark Riovalli bei Affi. Es gibt hier ein großes, in mehrere Segmente unterteiltes Schwimmbecken und ein mit mehreren Spielgeräten und kleinen Rutschen ausgestattetes Kleinkinderbecken. Insgesamt verfügt der Park auch über sieben große Wasserrutschen, eine großzügige Liegewiese, einen Spielplatz und Beachvolleyballplätze. Auch ein Schnellimbiss darf natürlich nicht fehlen.

Öffnungszeiten: Von 1. Juli bis 31. August Montag bis Freitag 9.30–19 Uhr, Samstag, Sonn- und Feiertag 9–19 Uhr (Rutschen schließen jeweils um 18 Uhr).

Kosten: Eintritt wochentags/samstags/sonn- und feiertags: Erwachsene 9 €/9,50 €/10,50 €, Kinder unter 12 Jahren 7 €/7,50 €/8 €, Kinder bis 3 Jahre gratis (Stand 2019). Parkgebühr 2 € für den ganzen Tag.

Tipp: Täglich ab 15.30 Uhr gibt es ein ermäßigtes Ticket für 5,50 € pro Person (egal ob Kinder oder Erwachsene), das immerhin noch zweieinhalb Stunden Badespaß ermöglicht.

Informationen: Tel. +39 045 6268392, riovalli.it/de (Navi: 37010 Cavaion Veronese, Localita Fosse).

bar, drei weitere Wasserrutschen ab 1,20 m. Aber auch für die Kleineren hat der Caneva-Wasserpark viel zu bieten. Es gibt einen großzügigen, abgetrennten Spielbereich nur für die Kleineren (bis 1,40 m), die »Windy Lagoon«, und vier Wasserrutschen darf man sogar schon ab 1 m Körpergröße benützen.

Größter Nachteil dieses Aquaparks ist seine relativ kleine Ausdehnung, sodass er schnell ziemlich überfüllt wirkt. Die Wege zwischen den einzelnen Attraktionen sind dafür relativ kurz. Aufgrund der Beliebtheit sind die Wartezeiten oft länger als bei anderen Parks. Zudem ist das Gelände etwas unübersichtlich; einerseits sorgt die schöne gärtnerische Gestaltung mit vielen Bäumen, Palmen und Büschen für eine angenehme Atmosphäre, andererseits kann man das Gelände schwer überblicken und verliert sich leicht aus den Augen. Die Stellen, an denen man sich für eine Attraktion anstellt, und die, an denen man wieder aus dem Wasser steigt, sind oft weit voneinander entfernt. Es ist also zu empfehlen, gleich zu Beginn einen Ort zu vereinbaren, an dem man aufeinander wartet, falls man sich verliert.

Auch im Aquapark Riovalli gibt es tolle Rutschen.

Kamera – Licht – Action!

Der Movieland-Park bei Lazise

ab 5 J.

Nicht nur Filmfans kommen im Freizeitpark Movieland auf ihre Kosten, denn auch ohne die Filme zu kennen, nach deren Vorbild die einzelnen Attraktionen und Fahrgeschäfte gestaltet sind, macht ein Besuch in dem Park einfach gigantischen Spaß! Wie bei allen derartigen Attraktionen gilt: Je früher man am Morgen aufsteht, desto kürzer sind die Wartezeiten an den Kassen, und desto mehr Zeit hat man, um wirklich alles, was hier geboten wird, auch an einem Tag ausprobieren zu können.

Hier dreht sich alles ums Kino.

KURZINFO

Anfahrt: Der Movieland-Park liegt direkt an der Gardesana Orientale SR 249 zwischen Lazise und Peschiera (Navi: 37017 Fossalta, Via Fossalta 56). Es gibt einen großen Parkplatz östlich der Straße, von dem man durch eine Unterführung unter der Straße hindurch zum Eingang des Caneva Aquaparks und des Movieland-Parks gelangt. Bushaltestelle der Linie Garda – Peschiera direkt beim Parkeingang; auf dieser Strecke verkehren auch eigene Shuttlebusse.

Ausrüstung: Leichtes, nicht nässeempflindliches Schuhwerk und keine Flip-Flops, die man leicht verlieren kann. Sonnen- und Nässeschutz (Plastikponchos) empfehlenswert, selbst an sehr heißen Tagen.

Altersgruppe: Ab 5 Jahren.

Besuchszeit: 1 Tag.

Kosten: Erwachsene 34 €, Kinder von 1 m bis 1,40 m Körpergröße 28 €, unter 1 m frei. Parkgebühr 6 € für den ganzen Tag.

Öffnungszeiten: Mitte April bis Ende Mai und Mitte September bis Ende Oktober an Wochenenden, von Anfang Juni bis Mitte September täglich 10–19 Uhr.

Einkehr: Es gibt zahlreiche Restaurants und Imbissstände im Park, die den jeweiligen Attraktionen entsprechend thematisch gestaltet sind.

Hinweis: Bei zahlreichen Attraktionen wird man richtig nass! An Automaten, die bei den jeweiligen Zugängen aufgestellt sind, kann man dünne Regenponchos aus Plastikfolie kaufen, die zumindest einen gewissen Schutz davor bieten, komplett durchnässt zu werden. Wer länger bleiben möchte, tut gut daran, eventuell auch trockene Kleidung zum Wechseln im Auto zu deponieren. Es ist möglich, den Park zu verlassen und am gleichen Tag wieder zu betreten, wenn man dies beim Verlassen bekanntgibt.

Tipp: Es werden Kombikarten mit dem Caneva Aquapark angeboten, mit denen man frei zwischen den beiden Parks wechseln kann (siehe Tour 34).

Informationen: Tel. +39 045 6969 900, canevaworld.it

Die Panoramabahn ermöglicht Blicke hinter die Kulissen.

Gleich rechts neben dem Eingang befinden sich zwei Hauptattraktionen des Parks: die Achterbahn »Diabolik Invertigo« (ab 1,40 m Körpergröße) und »Pangea«, eine Attraktion, bei der man mit selbstgesteuerten Autos durch eine Landschaft mit animierten Dinosauriern fährt. Weithin sichtbar sind die beiden Freifalltürme des Parks, der »Hollywood Tower« (ab 1,20 m Körpergröße) und »Space Mission Orbit« (ab 1,40 m Körpergröße). Es gibt aber auch eine Reihe von Attraktionen, die für kleinere Kinder geeignet sind, wie eine Baumstammbahn, ein Kettenkarussell, eine Schiffschaukel oder eine Kinder-Achterbahn.

Das Besondere an Movieland sind aber jene Attraktionen, die man anderswo nicht findet, und die speziell für den Park entworfen wurden: Bei einem davon, dem »Kitt Superjet« (Mindestgröße 1,20 m), steigt man in ein Boot, das von zwei 600-PS-Motoren angetrieben und von Stuntmen gesteuert wird. Bei den wilden Fahr- und Ausweichmanövern auf einem rund 300 m langen Wasserkanal ist ein kräftiger Adrenalinstoß sicher, und noch etwas ist garantiert: Man wird nass, und zwar ziemlich – jedenfalls dann, wenn man keinen Regenponcho trägt.

Eine weitere Attraktion, die es nur hier gibt, ist »Magma 2.1.« (Mindestgröße 1,20 m), eine Fahrt durch ein simuliertes Bergwerksgelände mit großen Lastwagen, auf deren Lade-

Wilde Fahrt mit dem Kitt Superjet.

fläche Sitzreihen für die Passagiere montiert sind. Auch hier wird man von Stunt-Drivern gefahren und erlebt eine Reihe von Effekten, wie man sie sonst nur aus Filmen kennt, mit Windmaschinen, Feuer und Wasser. Tipp: Wer nicht klatschnass werden möchte, sollte eher in der Mitte des Fahrzeugs Platz nehmen.
Nichts für Menschen mit Platzangst ist der »U-Boot-Simulator« (Mindestgröße 1 m), bei dem man in einem finsteren Hangar in den Nachbau eines Unterseebootes steigt. Ach ja, auch hier wird man ordentlich nass!
Mit der »Panorama-Tram«, die auf Schienen in etwa sechs Metern Höhe eine Runde über den Park dreht, sollte man übrigens erst am Ende des Besuchs fahren. Sie bietet nämlich bei einzelnen Attraktionen einen Blick hinter die Kulissen.
Was man sich im Movieland-Park auf keinen Fall entgehen lassen sollte, sind die Shows, die teils recht spektakulär sind und mit Spezialeffekten, wie man sie aus Filmen kennt, nicht geizen. Einer der Höhepunkte ist sicher die »U. S. Army-Stuntshow«, die in einem aufwendigen Set mit großer Zuschauertribüne gezeigt wird. Auch die »Medusa-Show« auf einer Freilichtbühne links vom Eingang sollte man sich nicht entgehen lassen. Der mit Publikumsbeteiligung stattfindende Live-Filmdreh »Overdrive« ist ein riesiger Spaß für alle Zuseher. Und wichtig: Auch, wenn bei den Shows großteils italienisch gesprochen wird, ist es kein Problem, der Handlung zu folgen.

Hallo Kinder,

Lust auf eine Zeitreise ins Mittelalter? Im Anschluss an einen Besuch im Movieland-Park kann man noch den Abend im direkt anschließenden Erlebnisrestaurant »Medieval Times« verbringen. Was von außen wie ein mittelalterliches Schloss aussieht, entpuppt sich im Inneren als große Halle, in der während eines zünftigen »Ritteressens« eine tolle Show vorgeführt wird. König Astolf lädt seine Ritter zum Turnier, und ihr seid die Zuschauer! Tolle Kostüme, Kämpfe am Boden und zu Pferde mit Schwertern und Lanzen gibt es zu bestaunen. Gesprochen wird zwar nur italienisch, aber es ist kein Problem, der Handlung zu folgen. Nachteil: Da die Show gleichzeitig mit dem Essen stattfindet, weiß man manchmal nicht, ob man zusehen oder essen soll. Und Achtung, wenn alle Zuschauer einer Tribüne »ihr« jeweiliges Team anfeuern, das gegnerische Team ausbuhen oder mit ihren Tellern Lärm machen, kann es zeitweise sehr laut werden! Aber so mag es ja auch im Mittelalter zugegangen sein.
Beginn: Mitte April bis Mitte September täglich um 19.30 Uhr (Einlass ab 19 Uhr), in der Hochsaison gibt es teilweise noch eine zweite Show pro Abend um 21.30 Uhr (Einlass ab 21 Uhr).
Kosten: 40 € für Erwachsene 25 € für Kinder von 1 m bis 1,40 m Körpergröße, unter 1 m frei. Der Preis beinhaltet die Show, das viergängige Essen und unlimitiert Getränke.

36 Gardaland – im Land des Prezzemolo

Der größte Freizeitpark Italiens bei Lazise ab 3 J.

Oh-oh-oh-oh Gardaland ... – noch Stunden später summen die Kinder die eingängigen, eigens für den größten und ältesten Vergnügungspark Norditaliens komponierten Melodien vor sich hin. Kein Aufenthalt am Gardasee wäre komplett, ohne zumindest einmal hier gewesen zu sein. Denn Gardaland bietet für alle, von den ganz Kleinen bis hin zu den Erwachsenen, gleichermaßen Spaß bei einer Vielzahl von Achterbahnen und anderen Fahrgeschäften. Wem die zahlreichen Wasserattraktionen des Parks nicht reichen, der kann sich gegen Aufpreis auch im angeschlossenen Legoland-Waterpark abkühlen.

KURZINFO

Anfahrt: Die Gardesana Orientale SR 249 führt direkt am Eingang des Gardaland vorbei (Navi: 37014 Ronchi, Via Ronchi). Auch eine Bushaltestelle der Linie Garda – Peschiera befindet sich direkt beim Parkeingang; die Busse verkehren etwa stündlich. Abfahrtszeiten des letzten Busses am Abend beachten! Zudem wird ein Busshuttle angeboten, der zwischen dem Bahnhof von Peschiera und dem Gardaland verkehrt.
Altersgruppe: Ab 3 Jahren.
Besuchszeit: 1 Tag.

Öffnungszeiten: Von April bis September täglich 10–18 Uhr. Im Hochsommer teilweise bis 23 Uhr geöffnet. Genaue Öffnungszeiten sowie zusätzliche Öffnungstage an Wochenenden im Oktober, rund um Halloween sowie in den Weihnachtsferien siehe Webseite.
Kosten: Die Preise ändern sich jährlich; Reguläre Tickets ca. 44 € für Erwachsene und 39 € für Kinder bis 10 Jahre; unter 1 m Körpergröße frei. Man sollte es aber vermeiden, reguläre Tickets erst an den Kassen im Park zu kaufen. Online-Angebote sind grundsätzlich billiger; es liegen auch an zahlreichen Verkaufspunkten (Hotels, Tankstellen etc.) Gutscheine für ermäßigten Eintritt auf. An Tagen, an denen bis 23 Uhr geöffnet ist, gibt es verbilligte Abend-Tickets, die erst ab 17 Uhr gültig sind. Auch Kombitickets mit dem SEA-LIFE-Aquarium und mit dem Legoland-Waterpark werden angeboten. Wer mehr als einmal in der Saison in den Park geht, ist unter Umständen bereits mit einem Jahresticket (ab 59 €) günstiger dran.
Einkehr: Über den ganzen Park verteilt gibt es eine Vielzahl an Restaurants, Imbissbuden und Kiosken, die jeweils dem Thema des jeweiligen Parkabschnitts entsprechend gestaltet sind.
Informationen: Tel. +39 045 6449 777, gardaland.it/de

Der »Blue Tornado« ist nur etwas für Wagemutige.

Hallo Kinder,

der Name des kleinen grünen Drachens, der seit der Gründung des Parks im Jahr 1975 das Schloss im Eingangsbereich des Parks bewacht, bedeutet eigentlich auf Deutsch »Petersilie«. Prezzemolo erhielt sein heutiges Aussehen im Jahr 1993 und wurde im Rahmen eines Wettbewerbs von einem Zeichner aus Venedig entworfen. Seither hat Prezzemolo gemeinsam mit seinen Freunden Aurora, Mously, Bambù und Pagui auch außerhalb von Gardaland eine Menge Abenteuer erlebt: Seit dem Jahr 1995 erscheint eine Comicserie, und im Jahr 2002 wurde sogar eine eigene Fernsehserie mit 26 Episoden produziert. Im Gardaland-Park werdet ihr Prezzemolo jedenfalls auf Schritt und Tritt begegnen, nicht nur auf Plakaten und Werbetafeln, sondern auch in Form von Plüschtieren, die es zu kaufen gibt – und vielleicht begegnet ihr ihm ja sogar selbst? Wer sich mit Prezzemolo gemeinsam fotografieren lassen möchte, kann dies im obersten Stockwerk des riesigen künstlichen Baumes tun, der in der Mitte des »Prezzemolo-Landes« steht.

Bei einer Beschreibung von Gardaland geht es einem so wie beim Besuch: Man weiß nicht recht, womit man anfangen soll. Erster Fixpunkt, den man nach dem Betreten des Vergnügungsparks aufsuchen sollte, ist deshalb ein Infokiosk links hinter dem Eingang, bei dem man einen Übersichtsplan des Geländes sowie ein Programm mit den Anfangszeiten der verschiedenen Showprogramme erhält. Eines wird nach deren Studium gleich deutlich: Es ist nicht möglich, an einem Tag sämtliche Attraktionen und Shows zu besuchen, also sollte man sich gleich einmal ungefähr überlegen, was und in welcher Reihenfolge man sich ansehen und womit man fahren möchte.

Wer mit kleinen Kindern hier ist, für den sind das »Land des Prezzemolo« und das direkt daneben befindliche »Peppa Pig Land«, gleich links vom Eingang, die ersten Hotspots, denn hier befinden sich rund um den riesigen künstlichen »Baum des Prezzemolo« und um das »Peppa Pig House« vor allem Attraktionen für kleinere Kinder.

Prinzipiell gibt es bei den meisten der über 30 Fahrgeschäfte und Attraktionen keine Alters-, sondern nur Größenlimits. Zur Freude der et-

Auch für die Jüngeren gibt es jede Menge Attraktionen.

Im kunterbunten Reich des Drachen Prezzemolo.

was größeren Kinder ist man dabei recht großzügig; die meisten der Achterbahnen und Fahrgeschäfte darf man schon ab 1,20 m Körpergröße benützen. Nur drei Coaster – »Blue Tornado«, »Oblivion« und »Raptor« – sind erst ab 1,40 m zugelassen, der Freifallturm »Space Vertigo« ab 1,30 m Körpergröße.

Natürlich muss man sich oft in Geduld üben, wenn man bei einem der Fahrgeschäfte ansteht. Zur besseren Orientierung gibt es vor jeder Warteschlange eine Anzeige, die die voraussichtliche Wartezeit in Minuten angibt.

Die Wartezeiten sind normalerweise am Vormittag und Nachmittag am größten, während der Mittagszeit etwas geringer und sinken dann am Abend mit fortschreitender Stunde deutlich ab. Kurz vor der Sperrstunde muss man meist nur mehr wenige Minuten bei den einzelnen Attraktionen anstehen.

Nicht so lange warten sollte man – zumindest, wenn es abends schon etwas kühler ist – mit den Fahrgeschäften, bei denen man nass werden kann. Davon gibt es nämlich einige: Die Wasserachterbahn »Flucht aus Atlantis«, den Wildwasserkanal »Jungle Rapids« und die Baumstammbahn »Colorado Boat«.

Wer von all dem Abenteuer eine Pause braucht und sich einmal nur entspannen möchte, der kann dies bei einer Fahrt mit Attraktionen, die einen sehr guten Überblick über das Gelände vermitteln: Der teilweise auf Stelzen verkehrende Zug »Transgardaland Express« im vorderen Teil des Areals, die Einschienenbahn »Monorotaia« im hinteren Teil und nicht zuletzt die wie ein UFO aussehende Aussichtsplattform »Flying Island«, die sich mit den Fahrgästen auf 50 Meter Höhe hinaufhebt.

Gegen Aufpreis kann man auch noch den Legoland Wasserpark besuchen, der sich allerdings nicht mit den großen in diesem Buch beschriebenen Parks wie Caneva messen kann. Es gibt einen Lazy River, einen Wasserspielbereich und drei Wasserrutschen (Kinder bis 14 Jahre nur in Begleitung Erwachsener, Erwachsene über 18 Jahre nur als Begleitpersonen für Kinder unter 14 Jahre). Es gibt auch ein »Miniland«, in dem zahlreiche Sehenswürdigkeiten Italiens aus Legosteinen nachgebaut sind. Es kann während der Öffnungszeiten des Wasserparks nur gemeinsam mit diesem besucht werden, am Abend und außerhalb der Badesaison auch getrennt davon.

Gardaland SEA LIFE

Nur fünf Gehminuten vom Gardaland-Eingang entfernt befindet sich eines der sehenswertesten Aquarien Italiens, das Gardaland SEA LIFE. Da sich die Becken alle im Inneren eines Gebäudes befinden, ist ein Besuch im SEA LIFE auch ideal für Regentage geeignet. Lediglich der Kinderspielplatz und die Tribüne beim Seelöwenbecken befinden sich am Freigelände, wobei letztere überdacht ist und dadurch auch bei Regen benützt werden kann.

Der Rundgang durch das Aquarium, für den man sich mindestens 2–3 Stunden Zeit nehmen sollte, ist thematisch nach verschiedenen Weltregionen geordnet. Man beginnt mit einem Bereich, der den Süßwasserfischen des Gardasees und der Gebirgsflüsse Italiens gewidmet ist, dann folgen zwölf weitere Bereiche mit insgesamt 40 Becken, die über hundert verschiedene Tierarten beherbergen. Höhepunkte des Aquariums sind der Ozeantunnel, bei dem man die Fische rund um sich herum bewundern kann, das Haifischbecken und die Show mit den Seelöwen. (Die Zeitpunkte der Haifischfütterung und der Seelöwenshow sind auf der Webseite ersichtlich). Wer bei den Seelöwen noch einen Sitzplatz auf der Tribüne ergattern möchte, sollte mindestens 15 Minuten vor dem Beginn bereits da sein.

Besonders toll für Kinder: Alle Aquarien sind so angelegt, dass auch die Kleinsten etwas sehen, und bei einigen Becken gibt es Plexiglaskuppeln, durch die man die Meereslebewesen beobachten kann, als würde man sich selbst unter Wasser befinden.

Einkehr: Self-Service-Restaurant im oberen Stockwerk des Aquariums.

Tipp: Man kann Geld sparen, indem man die Besichtigung des SEA-LIFE-Aquariums genau einen Tag nach dem Besuch im Gardaland einplant. Wer nämlich an der Kasse Gardaland-Tickets vom selben oder auch vom vorherigen Tag vorweist, erhält einen vergünstigten Eintrittspreis von nur 5 € pro Person!

Öffnungszeiten: Das Aquarium ist an allen Tagen, an denen das Gardaland geöffnet ist, 10–18 Uhr geöffnet, zusätzlich im Winter an Wochenenden und Feiertagen 10–16 Uhr.

37 Märchenland für Technik-Fans

Museum Nicolis bei Villafranca di Verona ab 3 J.

Nicht jeder interessiert sich für alte Autos und Motorräder. So, wie diese im Museum Nicolis, dem größten privaten Fahrzeugmuseum Europas, präsentiert werden, erwecken sie aber das Interesse selbst der größten Technikmuffel. Und selbst wenn jemand den Autos aus vergangener Zeit nichts abgewinnen kann, ist da noch immer die Sammlung alter Fotoapparate, Schreibmaschinen oder Musikinstrumente, die alleine schon einen Besuch wert ist.

KURZINFO

Anfahrt: Auf der Brennerautobahn A 22 bis zur Ausfahrt Verona Nord und der Beschilderung nach Villafranca folgen. Das Automuseum liegt direkt an der Hauptstraße und ist zusätzlich gut ausgeschildert. An der Rückseite des Museums gibt es einen Parkplatz, dessen Zufahrt ebenfalls beschildert ist (Navi: 37069 Villafranca di Verona, Viale Postumia 71). Per Bus ab Bahnhof Verona, Haltestelle direkt vor dem Museum.
Ausrüstung: Keine besondere.
Altersgruppe: Ab 3 Jahren.
Besuchszeit: 2.00–3.00 Std.
Öffnungszeiten: Ganzjährig täglich von 10–18 Uhr außer Montag; 1. Januar, Ostern, 24./25./31. Dezember geschlossen.
Kosten: Eintritt für Kinder bis 5 Jahre frei, 6–10 Jahre 6 €, Erwachsene 14 €, Senioren über 60 Jahre und Jugendliche 11 bis 16 Jahre 10 €.
Einkehr: Keine im Museum selbst (nur Kaffee- und Getränkeautomaten).
Bademöglichkeit: Wenige Kilometer entfernt befindet sich der Aquapark Picoverde (siehe S. 168).
Informationen: Museo Nicolis, Tel. +39 045 6303289, museonicolis.com

Die liebevoll gestaltete alte Autowerkstatt.

Hallo Kinder,

kaum ein anderes Land hat eine so starke Beziehung zu Autos und anderen Motorfahrzeugen wie Italien. Mögen deutsche Autokonstrukteure und Erfinder wie Gottlieb Daimler, Wilhelm Maibach, Carl Benz, Nicolaus Otto oder Rudolf Diesel die technische Entwicklung der Kraftfahrzeuge vorangetrieben haben, waren es die italienischen Hersteller – und vor allem ihre Designer – die den Fahrzeugen ihre Seele gegeben haben. Italienische Sportwagen sind legendär und die Namen Bugatti, Lamborghini oder Ferrari kennen nicht nur die Autofans unter euch. Doch während sich diese schnellen und schicken Sportwagen nur wenige leisten konnten, war es ein anderes italienisches Fahrzeug, das ab den 1950er-Jahren seinen Siegeszug um die Welt antrat: der Motorroller. Als Enrico Piaggio im Jahr 1946 seine »Vespa« auf den Markt brachte, ahnte er nicht, dass sich bis heute über 16 Millionen Stück verkaufen würden. Die Vespa wurde zum Symbol des Wirtschaftswunders nach dem Zweiten Weltkrieg, aber sie wurde auch zu einem Symbol für die Unabhängigkeit der Frauen. Auf der Vespa konnte man, wie bei einem Damenfahrrad, auch mit Rock fahren – für modebewusste Italienerinnen der damaligen Zeit ein wichtiges Argument. Auch die Werbung erkannte das, und schon bald wurde auf Plakaten praktisch nur mehr mit jungen Fahrerinnen geworben. Sogar Weltstars wie Sophia Loren und Gina Lollobrigida posierten für die Werbung auf den Motorrollern. Und bis heute ist der Traum vieler junger Mädchen eine eigene Vespa.

Ein Firmengebäude wie jedes andere, viel Stahl und Glas – so wirkt das Museo Nicolis von außen, und auf der Fahrt durch das Industriegebiet der Stadt Villafranca könnte man leicht daran vorbeifahren, ohne es zu bemerken. Dieser Eindruck ändert sich schlagartig, wenn man durch den Haupteingang ins Foyer tritt. Schon dort empfangen einen wahre Schätze der Technikgeschichte, von alten Motorrollern über elegante Sportwagen aus vergangenen Zeiten bis hin zu mechanischen Spielzeugen und Musicboxen.

Wer nur schnell durch dieses Museum läuft, ohne auf die teilweise faszinierenden Details zu achten, die heutigen Fahrzeugen fremd sind, der hat etwas versäumt. Bei fast jedem ausgestellten Fahrzeug gibt es Besonderheiten zu entdecken, und man merkt, mit welcher Liebe und Hingabe der Gründer des Museums, Luciano Nicolis, seine Sammlung aufgebaut hat. Oft findet man bei den Fahrzeugen auch passende Accessoires wie alte Koffer, Schaufensterpuppen in historischer Kleidung oder Fotografien aus alter Zeit.

Nachdem man die Autoausstellung im Erdgeschoß besichtigt hat, geht es über eine gewundene Treppe hinauf in den ersten Stock. Auch dieser ist voll mit historischen Fahrzeugen – viele davon extrem selten oder sogar Einzelstücke, von denen kein anderes Exemplar erhalten ist. Die

Aquapark Picoverde

Wer nach dem Museumsbesuch Lust hat, schwimmen zu gehen oder sich auf Wasserrutschen in die Tiefe zu stürzen, der findet wenige Kilometer entfernt in Custoza den relativ kleinen, aber sehr grünen und gepflegten Wasserpark Picoverde. Man fährt auf der SR 62 Richtung Südwesten und nimmt dann die Abzweigung nach Pozzomoretto und weiter Richtung Custoza. Die Zufahrt zum Wasserpark ist dann bereits beschildert.
Der Park liegt auf einem Hügel mit viel Grün und Blumenschmuck, und auch die Wasserrutschen sind großteils so angelegt, dass sie entlang des Berghangs nach unten führen. Es gibt ein großes Schwimmbecken und eine Poollandschaft für Kinder sowie drei längere Wasserrutschen. Das Restaurant mit Bar und Pizzeria hat eine schöne Terrasse mit Blick über den Park und bietet von allen Wasserparks die größte Auswahl an Speisen (nicht nur Fast Food).
Kosten: Eintritt für Erwachsene/Kinder (3–10 Jahre) Montag bis Freitag 13 €/9 €, ab 14.30 Uhr 9 €/7 €. Samstag, Sonn- und Feiertag 17 €/11 €, ab 14.30 Uhr 12 €/10 €.
Öffnungszeiten: Im Sommer täglich bei Schönwetter 10–19 Uhr (Restaurantbetrieb abends bis 24 Uhr, außer Montag).
Info: Parco Acquatico Picoverde, Tel. +39 045 516025, picoverde.it (Navi: 37066 Custoza, Strada Ossario 15 bzw. N45.378990, E10.793010).

ältesten Autos sind schon weit über hundert Jahre alt – und fast alle sind heute noch fahrbereit! Eine Ecke dieses Stockwerkes widmet sich auch dem Thema Filmstars und ihre Autos. Hinter der Treppe zum zweiten Stockwerk und von dieser gut sichtbar hat man mit sehr viel Liebe zum Detail eine historische Autowerkstatt nachgebaut.

Der zweite Stock beherbergt eine Reihe weiterer hochinteressanter Sammlungen: Mehr als hundert Motorräder verschiedenster Epochen, Fahrräder und Motorroller. So wird die gesamte Entwicklung von den ersten Modellen bis hin zu hochtechnisierten Rennmaschinen schön und anschaulich dargestellt.
Aber auch alle, die sich vielleicht nicht so sehr für Fahrzeuge interessieren, kommen in dieser Etage auf ihre Kosten: Hier finden sich Sammlungen von alten Schreibmaschinen, Fotoapparaten und verschiedenen (mechanischen) Musikinstrumenten: Spieldosen, Phonographen und selbst spielenden Klavieren.

Viele Details und Schaufensterpuppen machen das Museum lebendig.

Im Reich der Wasserfälle

38

Besuch im Parco delle Cascate bei Molina

ab 5 J.

Eine Wanderung in einem schattigen Tal zu einem idyllischen Wasserfall kann gerade an besonders heißen Sommertagen eine willkommene Abwechslung darstellen. Bei Molina inmitten des Naturparks Lessinia aber wandert man nicht zu einem Wasserfall, sondern gleich zu so vielen verschiedenen, dass man sie gar nicht recht zählen kann. Eine besondere Attraktion für Kinder ist auch eine an langen Stahlseilen befestigte Schaukel, auf der man (fast) bis in einen Wasserfall hineinschwingen kann. Und im Anschluss an den Besuch des Wasserfallparks lohnt es sich, auch noch dem mittelalterlichen Städtchen Molina einen Besuch abzustatten.

Der Wasserfall Cascata dell'Orso.

KURZINFO

Ausgangspunkt: Parkplatz oberhalb von Molina (Navi: 37022 Molina, Fumane, Via B. Bacilieri 145).
Anfahrt: Auf der Brennerautobahn A 22 bis zur Ausfahrt Verona Nord oder vom Ostufer des Gardasees auf der Straße Lazise – Verona bis Bussolengo, dann auf der Schnellstraße SS 12 und der SP 1 nordwärts bis San Pietro in Cariano. Ab hier der Beschilderung nach Molina folgen. Es besteht eine Busverbindung ab Verona.
Anforderungen: Je nach gewählter Route leichter Spaziergang oder mittelschwere Wanderung mit mehr oder weniger großen Höhenunterschieden.
Ausrüstung: Festes Schuhwerk, am besten Wanderschuhe. Für den kurzen Rundweg sind Sportschuhe ausreichend.
Altersgruppe: Ab 5 Jahren.
Gehzeit: 1.45 Std.
Weglänge: 4,2 km.
Höhenunterschied: 300 m.
Öffnungszeiten: Von April bis September täglich 9–19.30 Uhr, im Oktober 10–18 Uhr, im November nur Samstag, Sonn- und Feiertag 10–16 Uhr, im März nur Samstag, Sonn- und Feiertag 10–18 Uhr.
Kosten: Kinder unter 6 Jahren frei, 6–11 Jahre 4.50 €, Schüler und Studenten sowie Senioren über 60 Jahre 6 €, Erwachsene 7 €.
Einkehr: Kleine Imbisse, Kaffee und Getränke gibt es beim Parkeingang in einem Shop. Mehrere Einkehrmöglichkeiten in der Ortschaft Molina.
Informationen: Tel. +39 045 7720185, parcodellecascate.it
Varianten: Man kann die Wege im Park zu verschiedenen Runden kombinieren, von denen die kürzeste 45 Min. kürzer, die längste 1 Std. länger ist.

Hallo Kinder,

die Anfahrt zum Wasserfallpark von Molina führt durch eine reizvolle Kulturlandschaft mit dem Namen Valpolicella. Viele Erwachsene denken bei diesem Namen zunächst einmal an eines: Wein. Tatsächlich handelt es sich bei der hügeligen Gegend um eines der bekanntesten Weinbaugebiete Italiens. Aber das milde Klima sorgt dafür, dass hier auch viele andere Dinge angebaut werden: Walnüsse, Oliven, Pfirsiche, Kirschen und sogar Kiwis gedeihen auf den Hügeln der Valpolicella prächtig.

Wenn ihr während der Fahrt die Augen offen haltet, werdet ihr auch immer wieder Industriebetriebe neben der Straße sehen, vor denen große, teils geschliffene, teils noch ungeschliffene Steinplatten aufgestellt sind. Die Gewinnung von Marmor hat im Valpolicella nämlich eine ebenso lange Tradition wie der Weinbau. Schon zur Römerzeit war der »Marmo rosso di Verona« eine beliebte Steinsorte. In vielen Bauwerken – vor allem in Italien, aber auch außerhalb – wurde Veroneser Marmor verwendet und auch die berühmte Arena von Verona wurde zum Großteil aus dem auffällig rötlichen Gestein errichtet.

Vom großen Parkplatz an der Straße oberhalb des Ortes **Molina (1)** gehen wir hinunter in das malerische Dorf, das sich noch sein ursprüngliches, mittelalterliches Bild bewahrt hat. Wir kommen an der Kirche und dem freistehenden Glockenturm vorbei, bei dem sich auch ein Verkaufsgeschäft typischer regionaler Produkte befindet. Der Beschilderung zum Parco delle Cascate folgend gehen wir eine schmale Straße rechts bergab und folgen dann einem steilen, von senkrecht aufgestellten Steinplatten gesäumten Weg bergab. Zum Teil kann man den Weg auf (noch steileren) Fußwegen und über Stufen abkürzen. Etwa 100 Höhenmeter müssen wir bergab, bis wir zum eigentlichen **Parkeingang (2)** kommen.

Hier gibt es einen kleinen Shop, in dem auch Getränke und Snacks verkauft werden, und eine Terrasse mit Tischen und Bänken.

Der weitere Weg führt uns an einer Picknickwiese mit Tischen und Bänken vorbei zunächst zur **Prähistorischen Grotte (3)**, einer Höhle in der Felswand, die außen mit Hölzern und Tierfellen verschlossen ist und so einen Eindruck vermittelt, wie vor Jahrtausenden Menschen darin gelebt haben mögen. Nach diesem kurzen Abstecher geht es einige Me-

Feuerstelle im Inneren der prähistorischen Höhle.

Einer der zahllosen kleineren Wasserfälle.

ter auf dem gleichen Weg zurück und dann weiter bergab. Gleich hinter einem Gebäude mit WC-Anlagen teilt sich der Weg. Der auf der Karte grün eingetragene einfache Rundweg führt hier links direkt zur Cascata Spolverona.

Der längere, rot bezeichnete Weg biegt sich nach rechts und führt in Serpentinen weiter hinab ins Flusstal. Am tiefsten Punkt des Rundweges angekommen, überqueren wir den Bach unterhalb von kleinen Wasserfällen. Wir folgen am anderen Ufer einem Pfad aufwärts, der kurz darauf nochmals einen Bach quert und dann zum untersten einer Reihe von Wasserfällen, der **Cascata dell'Orso (4)**, führt. Kurz hinter dieser gabelt sich der Weg: Weiter dem Tal folgend gelangt man entlang des Talgrunds zu einem weiteren Wasserfall, der von weit über uns in eine Halbhöhle hinabstürzt. Am gleichen Weg gehen wir wieder zurück zur Abzweigung und folgen jetzt einem Weg, der über Metalltreppen oberhalb der Cascata dell'Orso durch die Schlucht bergauf führt.

Wir kommen an mehreren weiteren Kaskaden vorbei schließlich zur **Cascata Spolverona (5)**, bei der auch der grün markierte leichte Weg wieder einmündet. Hier queren wir den Bach auf einer Brücke und steigen kurz steil an zu einem Rastplatz neben einer Steinpyramide. Wir folgen weiter dem Rundweg – hier verlau-

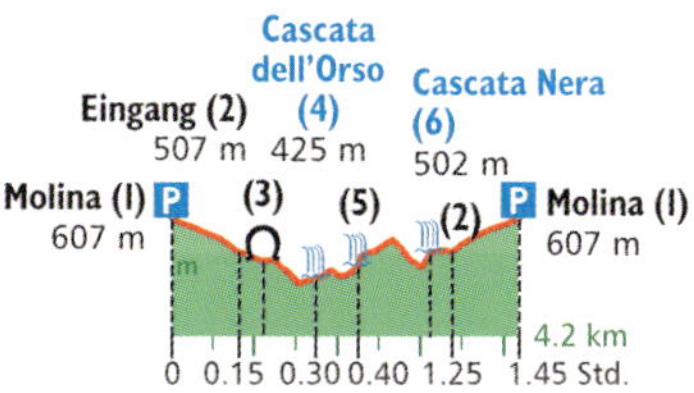

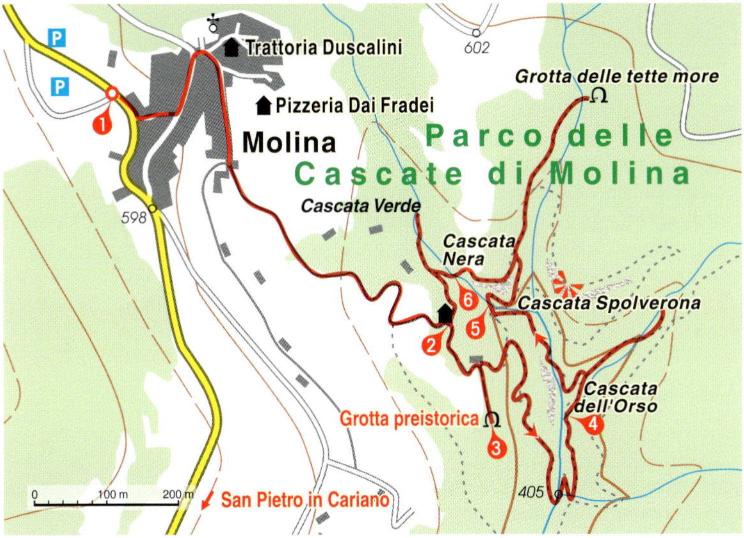

fen nun wieder alle drei Farbmarkierungen gemeinsam – bis zu einer Abzweigung, bei der nach rechts der schwarz markierte Rundweg abzweigt. Er führt über eine Brücke ans andere Ufer eines Baches, dann längere Zeit durch den Wald bergauf zu einem Aussichtspunkt und dann wieder zurück an den Bach.

Wir folgen aber dem roten und grünen Weg, kommen nach etwa zehn Minuten zu einer weiteren Abzweigung, bei der man einen Abstecher von ca. 15 Minuten pro Richtung zu einem der schönsten Wasserfälle am Ende des Seitentales machen kann: Man geht hier rechts auf einem teilweise mit Stufen befestigten Weg bergauf und kommt zu einer weiteren Abzweigung, bei der von rechts der schwarze Rundweg einmündet. Geradeaus weiter erreicht man die Kaskade, die von oben über die Kante einer Höhle herabstürzt, sodass man hier auch hinter den Wasserfall gehen kann.

Wir kehren zum Hauptweg zurück und gehen nun halb rechts bergauf. Als Nächstes kommen wir bei der **Cascata Nera (6)**, dem schwarzen Wasserfall, vorbei, bei dem sich auch eine der Hauptattraktionen für Kinder, die Wasserfallschaukel, befindet. Wieder überqueren wir eine Brücke und gehen am anderen Ufer wieder bergauf. Bei der nächsten Abzweigung kann man noch einmal rechts gehen und kommt dabei in ein flaches Tal mit einem Rastplatz und einem letzten Wasserfall, der Cascata Verde. Neben diesem gibt es auch noch einen kurzen Stichweg zu einer wenig spektakulären Höhle, in der man archäologische Funde gemacht hat.

Der linke Weg hingegen führt nach wenigen Minuten zurück zum **Eingang (2)** des Wasserfallparks. Von hier gehen wir dann auf dem gleichen Weg, den wir gekommen sind, wieder hinauf in den Ort **Molina** und zum **Parkplatz (1)**.

Links: Auf dem Weg hinter den Wasserfall.

39 Die Brücke aus Stein

Besuch beim Naturwunder Ponte di Veja ab 5 J.

Es gibt nicht viele Natursehenswürdigkeiten, die es wirklich verdient haben, als einzigartig bezeichnet zu werden. Die Ponte di Veja im Naturpark Lessinia gehört dazu. Es handelt sich dabei um die nach der Pont d'Arc in Frankreich zweitgrößte natürliche Felsenbrücke Europas mit einer Spannweite von etwa 50 Metern und einer Dicke von über zehn Metern, über die man nicht nur oben drüberspazieren, sondern auch unten hindurchwandern kann.

KURZINFO

Ausgangspunkt: Parkplatz an der Trattoria Ponte di Veja (Navi: 37020 Sant' Anna D'Alfaedo, Via Ponte di Veja 1).
Anfahrt: Auf der Brennerautobahn A 22 bis zur Ausfahrt Verona Nord. Weiter auf der SS 12 und der SP 1 nach Parona und dort 500 m nach der Eisenbahnbrücke links auf die SP 4 Richtung Valpolicella abbiegen. 4 km weiter nehmen wir die SP 12 und folgen ihr bis zum Ort Fane, durch den sich die Straße in Serpentinen den Berg hinaufwindet. 500 m nach dem Ort folgen wir den Schildern zur Ponte di Veja halb rechts auf einer schmalen Asphaltstraße noch für etwa 2,5 km. Das Ziel liegt direkt an der Straße.
Anforderungen: Vom Parkplatz bis auf die Steinbrücke bzw. bis zu einem Aussichtspunkt gut befestigte Spazierwege. Wer unter der Brücke hindurch- bzw. weiter ins Tal hinunterwandert, sollte sich aber auf schmale und steile Fußpfade einstellen. Bei Nässe stellenweise sehr rutschig.
Ausrüstung: Festes Schuhwerk, Sonnen- und Regenschutz.
Altersgruppe: Ab 5 Jahren.
Gehzeit: 0.30 Std.
Weglänge: 0,8 km.
Höhenunterschied: 50 m.
Einkehr: Trattoria Ponte di Veja direkt beim Parkplatz, Tel. +39 045 7545048.

Auch von unten betrachtet ist die Ponte di Veja ein eindrucksvoller Anblick.

Vom Parkplatz bei der **Trattoria (1)** direkt an der Straße folgen wir einem ausgeschilderten Wanderweg bergab in Richtung der Ponte di Veja. Nach wenigen Metern befindet sich rechts eine durchaus sehenswerte Rekonstruktion eines Hauses aus der Jungsteinzeit, das man gleich oder am Ende der Wanderung – man kommt den gleichen Weg wieder zurück – besichtigen kann. Danach folgt man dem gut ausgebauten breiten Wanderweg weiter bergab und steht schon nach wenigen Metern am Beginn der **Felsbrücke (2)** – ohne diese aber so richtig als solche zu erkennen. Links führt ein weiterhin breiter, mit einem Holzgeländer gesicherter Weg ins Tal hinein, den wir nehmen – über die Brücke hinweg werden wir am Ende der Runde gehen.

Links: Blick über die dichten Wälder des Naturparks Lessinia.

Erst nach und nach werden die gewaltigen Dimensionen des steinernen Bogens sichtbar, der das Tal überspannt. Der Weg führt nur leicht bergab zum Talschluss, an dem sich ein allerdings nicht zugänglicher Wasserfall befindet, und von hier nun steiniger und steiler scharf nach rechts bergab. Man umrundet einen riesigen Felsblock, hat einen schönen Blick auf die kleine-

Hallo Kinder,

bei der Ponte di Veja handelt es sich eigentlich um den übriggebliebenen Rest des Eingangs einer Karsthöhle. Unter Karst versteht man ganz bestimmte Landschaftsformen, die durch die Verwitterung von Kalkgestein entstehen. Da das Gestein brüchig ist und sich darin viele Spalten und Risse befinden, fließt ein Teil des Regenwassers nicht an der Oberfläche ab, sondern kann versickern. Das Wasser löst das Gestein langsam, und bestehende Risse werden dadurch erweitert. So können sich ganze unterirdische Flussläufe bilden und im Lauf der Jahrtausende riesige Höhlen entstehen. Oft kommt es dabei vor, dass das versickernde Wasser nach und nach Teile der Höhlendecke löst, sodass diese immer dünner und instabiler wird. Irgendwann kann diese ihr eigenes Gewicht nicht mehr tragen, und die Höhle stürzt ein. Bei der Ponte di Veja sind die Felsbrocken, die im Tal oberhalb der Steinbrücke herumliegen, in Wirklichkeit Überreste der eingestürzten Höhlendecke. Durch einen glücklichen Zufall ist hier aber eben nicht die ganze Höhle eingestürzt, sondern der ursprüngliche Höhleneingang stehengeblieben, sodass ihr heute über diese phänomenale Felsbrücke spazieren könnt.

ren Höhlen, die sich an der Seitenwand des Tales befinden, und gelangt dann genau unter die Steinbrücke.

Nun gabelt sich der Weg wieder **(3)**. Wir gehen zunächst rechts und steigen auf einem steilen, bei Nässe sehr rutschigen Weg weiter bergab in eine idyllische Waldschlucht, in der wir ans untere Ende eines kleinen Wasserfalls gelangen.

Wer möchte, kann noch weiter im beschaulichen Tal auf einem guten Wanderweg bergabgehen, muss dann aber wieder den gleichen Weg zurück. Der kleine Bach lädt dazu ein, zu planschen oder Staudämme zu bauen.

Wir kehren wieder zu der **Abzweigung (3)** unterhalb der mächtigen Felsbrücke zurück. Hier gehen wir

Einer der kleinen Wasserfälle im Tal unterhalb der Brücke.

Vom Talschluss hat man den besten Blick auf die Steinbrücke.

nun nach rechts, also nicht unter dem Bogen hindurch, sondern entlang des Berghangs durch den Wald leicht bergauf. Der Weg biegt sich nach links, führt nun etwas steiler bergauf und trifft dann nach etwa zehn Minuten auf einen breiten Wanderweg, auf dem wir uns links wenden. Wir folgen ihm, aus dem dichten Wald heraus, und stehen nach wenigen Metern unvermittelt auf einer großen, waagrechten Steinfläche, bei der es sich um die Oberseite des natürlichen Brückenbogens handelt.
An beiden Seiten gibt es hohe Zäune, sodass keine Gefahr besteht, von der Felsbrücke zu stürzen. Man überquert diese und gelangt am anderen **Ende (2)** wieder auf den Wanderweg E5, auf dem man wieder vorbei am Steinzeithaus zum Parkplatz bei der **Trattoria (1)** zurückgeht.

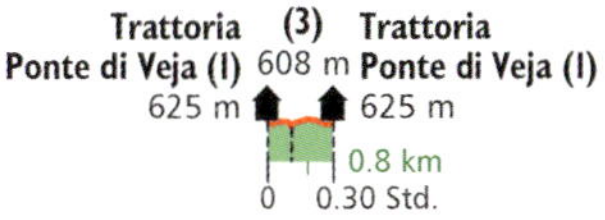

Das rekonstruierte Haus aus der Jungsteinzeit.

Stichwortverzeichnis

N

P

R

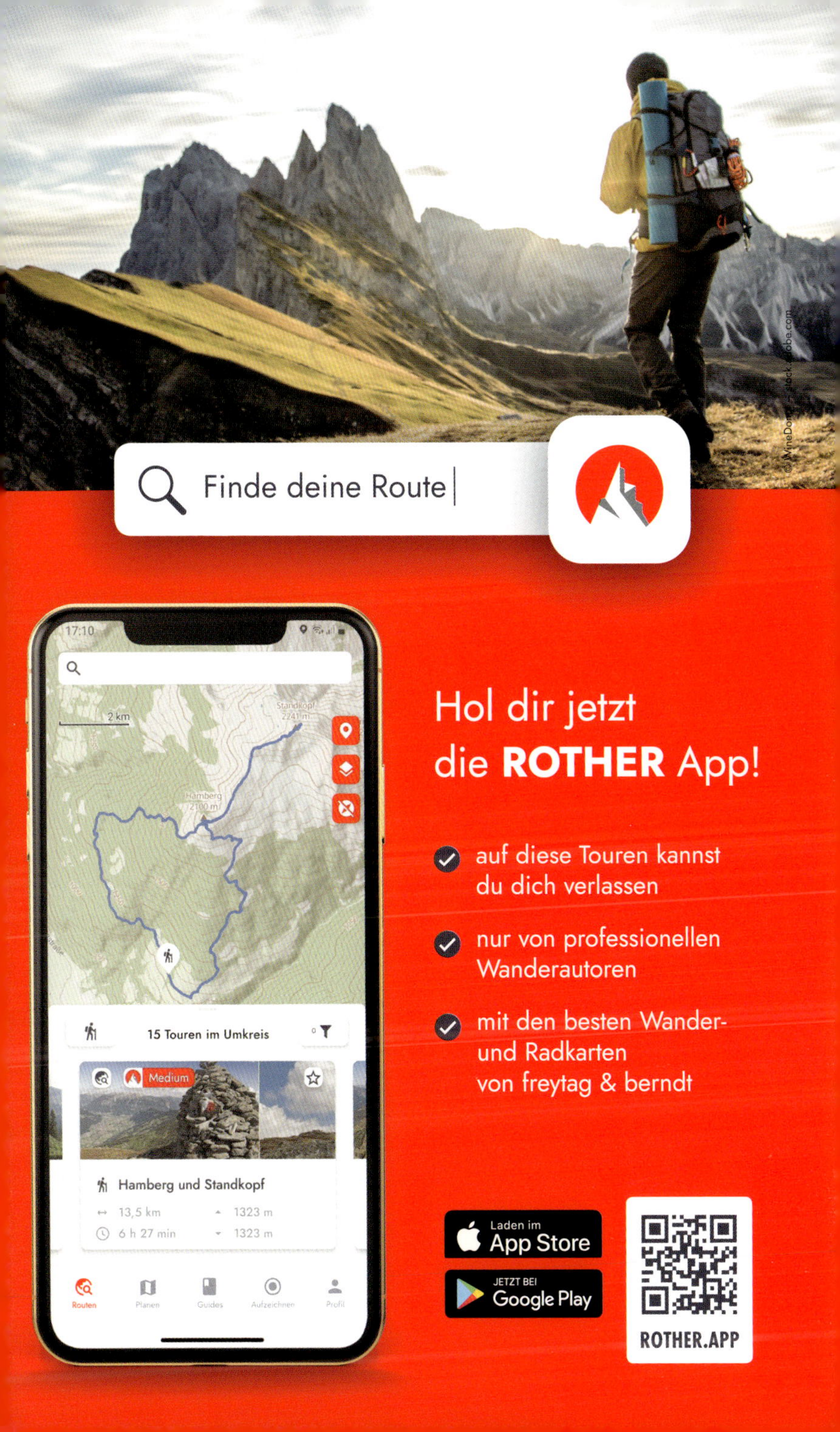

Finde deine Route
Hol dir jetzt
die ROTHER App!
auf diese Touren kannst du dich verlassen
nur von professionellen Wanderautoren
mit den besten Wander- und Radkarten von freytag & berndt
15 Touren im Umkreis
Medium
Hamberg und Standkopf
13,5 km
6 h 27 min
1323 m
1323 m
Routen
Planen
Guides
Aufzeichnen
Profil
Laden im App Store
JETZT BEI Google Play
ROTHER.APP

Impressum

Titelbild:
Cima Comer (Tour 18).

Bild Seite 1:
Aussichtspunkt auf der Cima Comer (Tour 18).

Bild Seite 28/29:
Blick vom Panoramaweg Tempesta – Bussate (Tour 12).

Alle Fotos von den Autorinnen.

Die Autorinnen:
Johanna Stöckl ist Wanderführerin und Autorin; Rosemarie Pexa ist als Journalistin, Autorin und in der Erwachsenenbildung tätig. Beide stammen aus Wien und schreiben schon seit einigen Jahren auch Wanderbücher. Bei den Recherchen sind die beiden Kinder Martin und Sonja fast immer mit von der Partie.
Website der Autorinnen: johannastoeckl.at

Kartografie:
Wanderkarten im Maßstab 1:10.000 bis 1:50.000 © Johanna Stöckl;
Übersichtskarten © Freytag & Berndt, Wien

Illustrationen:
Alle Illustrationen von Stephanie Stickel (www.stephanie-stickel.de).

Werk.-Nr.: 3190

Die Ausarbeitung aller in diesem Führer beschriebenen Touren erfolgte nach bestem Wissen und Gewissen der Autorinnen. Die Benutzung dieses Führers geschieht auf eigenes Risiko. Soweit gesetzlich zulässig, wird eine Haftung für etwaige Unfälle und Schäden jeder Art aus keinem Rechtsgrund übernommen.

3., aktualisierte Auflage 2024

ISBN 978-3-7633-3425-4

MIX
Papier | Fördert gute Waldnutzung
FSC® C147178
www.fsc.org

Wir freuen uns über jeden Korrekturhinweis zu diesem Wanderbuch!
Bitte per E-Mail an: **leserzuschrift@rother.de**

ROTHER BERGVERLAG · Keltenring 17 · D-82041 Oberhaching
Tel. +49 89 608669-0 · rother.de